网络时代的隐私权保护研究

王黎黎　著

北京工业大学出版社

图书在版编目(CIP)数据

网络时代的隐私权保护研究／王黎黎著. -- 北京：
北京工业大学出版社，2024. 7. -- ISBN 978-7-5639
-8682-8

Ⅰ. D923.04

中国国家版本馆 CIP 数据核字第 2024KR4565 号

网络时代的隐私权保护研究

WANGLUO SHIDAI DE YINSIQUAN BAOHU YANJIU

著　　者：王黎黎

策划编辑：孙　勃

责任编辑：孙　勃

封面设计：钟晓图

出版发行：北京工业大学出版社

　　　　　（北京市朝阳区平乐园 100 号　邮编：100124）

　　　　　010-67391722（传真）　　bgdcbs@ sina. com

经销单位：全国各地新华书店

承印单位：三河市嵩川印刷有限公司

开　　本：710 毫米 × 1000 毫米　1/16

印　　张：11. 5

字　　数：200 千字

版　　次：2024 年 7 月第 1 版

印　　次：2025 年 2 月第 1 次印刷

标准书号：ISBN 978-7-5639-8682-8

定　　价：68. 00 元

前　言

21 世纪是信息科学与信息技术急速发展的时代，信息成为一种重要的战略资源，信息的获取、存储、处理及安全保障能力成为一个国家综合国力的重要组成部分。全球化、大数据时代的到来，以及互联网等新媒介技术的急速发展，对社会影响深刻。一方面，人类日常生活中的交往活动更多地在网络空间展开，为提高现代生活的效率，人们愈加依赖网络信息系统来运行重要的基础设施；另一方面，由个人信息传播、存储、搜集与使用所带来的隐私安全问题，正成为影响个人生活乃至整个国家安全的重要问题。在前网络时代，个人隐私在法律、政府、组织、个人的多重保护下是相对安全的，而网络的出现，令现实社会中个人隐私权的有关问题延伸到了网络空间。由于网络社会的开放性特征，个人隐私面临着严重的威胁。

本书主要内容包括：网络时代的隐私，网络时代的隐私权及其保障，网络时代对隐私权的多源侵犯，"人肉搜索"与侵权问题，公共场所中的个人隐私权，电子商务中消费者的隐私权保护，大数据时代互联网治理。

本著作系 2022 年度湖北省教育厅科学技术研究计划项目《网络直播中未成年人直播的法律风险防控机制研究》（项目编号：B2022319）的研究成果，2021年武汉东湖学院青年基金项目《网络直播热潮下未成年人直播的法律问题研究》（项目编号：2021dhsk008）的研究成果。

本书在编写过程中，参考了很多专家的资料，在此深表感谢，由于时间仓促，书中难免有不足之处，敬请批评指正。

目　录

第一章　网络时代的隐私

随着当代大众自我意识的觉醒，隐私概念越来越深入人心，成为一种极具现代特色的内容，伴随现代法律体系的完善，隐私权的内容也不断丰富。然而，隐私并非现代社会的产物，作为一种观念意识，它诞生于早期人类社会中，甚至在古希腊时期还是一个重要的哲学命题。这种观念在我国出现得更早，原始社会中人们采集树叶或者使用兽皮制成蔽体的裙子，这不仅是羞耻心的体现，也是隐私意识的体现。在漫长的人类历史发展中，隐私具有极为重要的意义，值得人们一再研究。近代学科体系建立以来，隐私不再只是法学领域研究的热点问题，还和伦理学、社会学、心理学、哲学等学科建立了紧密联系。至 21 世纪，网络充斥在人们生活的各个角落，保护公民个人隐私已经成为网络社会和信息社会公认的观点，因此在网络时代研究隐私问题具有十足的必要性。

第一节　隐私权溯源探究

知羞耻是为人的标志。那些流传了几千年的故事中就有关于隐私的说法。或许是因为人们的原始隐私概念与羞耻心有关，所以有了不公开等于不可告于人的概念。长期以来，隐私是作为一个具有不正当性的概念存在的，相关的理论探究更是十分鲜见。而现有的研究也往往存在依据不足、考证不当的问题，甚至有学者认为这种考证是没有必要的，因为隐私是一个新兴的概念。如果从严格意义上看，现代法学的诸多概念都不同于古典时代，或最初不以法律概念的面貌出现，但两者之间的联系却是不能割裂的，存在逐步演进的过程，其最初的根本含义也有促进我们理解并帮助我们界定范围的作用。

一、隐私概述

早在远古时期隐私的概念就已经存在，但当时的隐私并不被视为一项权利，而是另外一个概念，即被剥夺了公开性。这是由当时的社会环境造成的，那时的人们几乎没有纯粹的私人场所，除了在家外，他们几乎都处在公共生活区，渐渐就形成了一种传统观念和习惯。在之后很长的一段时间里，所有非公共的都被视作带有贬义色彩，或与离群索居相联系，或是被剥夺了参与公共生活尤其是国家政治生活的权利。但在奴隶社会和封建社会，隐私也可以是正当拥有的。对于当时的统治者而言，隐私是无限的。比如，在古印度，国王在形象与容貌上都享有隐私。又如，在中国古代，秦有"窥宫者斩"的规定，后世也有许多对探听皇族和宫廷隐私的行为的惩罚规定，到了唐代以后，议论皇室事务更是成了"十恶"之一。可见，这个时期的隐私是一种特权，不是普通人能够拥有的。如果普通人想要拥有私人空间，就不能涉及公共事务。

（一）隐私外延

现在使用的词语"隐私"是西方文化的反映。这是由近代的西方资产阶级革命引起的对平等与自由的一种追求。隐私实际上反映了与自由相统一的属性，正如自由被定义为"人们能够自由地挥动他们的手臂，却不能触及他人"一样，现在所说的隐私是平等而广泛的，也是有限度的。所以，隐私本身表现出特别注重独立性和不能对他人造成影响的特性，其最初的核心表现方式也在于"隐遁"和减少同社会的交往。当人们离开公共的社会生活而隐居在一个与世隔绝的住所或乡间小院时，就是隐私的开始。隐私被当作权利确立也是出于这个本义。1890年，美国法学家塞缪尔·D. 沃伦和路易斯·D. 布兰代斯在《哈佛法律评论》上发表的具有里程碑式意义的文章中使用的隐私概念也采取了这个本义。有人说这个概念在学术界已变成一个比较陈旧的术语，除了因为它作为隐私权的奠基之作被大量引用外，更重要的是在那之后又被不断引申，其范围被逐步拓展，渐渐成为一个含义广阔的概念。它首先从"隐遁"进一步被引申为即使在繁华的环境中也要追求一种不被打扰的生活状态，即"合群的独处"。在这之后，隐私作为人们在社会生活中"不被打扰"的核心价值，不断产生新的外延。

隐私这一概念的产生以近代自由主义思想为基础。如果说在亚里士多德的时代，人们认为公共生活比私人生活更重要，那么在霍布斯与洛克看来，个人的地位比国家和社会更重要。密尔在《论自由》中指出，个人的行为在不涉及他人的情况下具有绝对的独立性，只有影响他人的那一部分才对社会负责。所以，隐私的观念与自由观有关，它是随着自由观的变化而变化的。与此同时，随着经济的发展，私人领域也更加丰富。

因为隐私本身的动态发展及人格权的开放性，所以隐私的内涵与外延很难用简单而统一的方式进行总结。但能够确定的是，隐私的价值决定了其内涵。那么，隐私的根本价值是什么呢？大多数学者认为，隐私是一种生活状态，因而隐私的价值在于对人的精神尊重、有价值的亲密关系或经济上的有用性。比如，部分学者指出，个人的尊严与自由是个人隐私的主要价值。除此之外，还有其他的价值，包括自我评价、情感释放、个体自主性及受保护且有限的沟通等。隐私的独立性与自主性，使其在抵抗外界干预的同时，也为个人的偏好、判断与思想的自由提供了保障。此外，拥有一种在安静的环境下独处的自由，有助于人们情绪的释放。因为在独处时，在这种比较私人化的空间与时间中，即使存在一些与社会规范相悖的行为，也会作为隐私被保护。私下里的信息传递以及与有亲密关系的人的交流和沟通作为受保护的对象，也不应被公开。隐私也含有区分私下的沟通和公开发表言论的意义。至此，不难发现，就是因为人们对私人领域进行保护，才有了隐私的价值，并因此对个人的尊严与自由产生作用。

进而，我们可以得出这样的结论：因为隐私是对个人来说的，所以隐私的核心价值在于个人的独立自主性。隐私权也可以解释为处在社会中的人都可以享有不被打扰的平等与自由的权利。既然这样，我们怎样理解不被打扰的定义与范围？怎样才能保证在繁华社会中并非真正独处的人们不被打扰呢？经过反复扩张和衍生之后，今天的隐私与古典主义的"生活秘密领域免于他人侵扰"相比有什么变化，又究竟包含了哪些内容呢？如我们所知，隐私作为隐私权的客体而存在，隐私的内容作为被隐私权保护的法益而存在。

（二）隐私领域划分

1. 私人领域与公共领域

西方社会的隐私，源于 13 世纪人们保护"与肉体对立"的个体意识的诉求。此后，随着西欧近代自由主义运动的展开，15—16 世纪自由主义思想的传播以及资本主义的建立等，西方整个社会逐渐明确了隐私是对个体自由的尊重与保护，是对个体基本生存空间的保护。

对于隐私权利的觉醒与认知，早期的人们更多是从对公共领域和私人领域的划分开始。例如，17 世纪中叶的英国，由于反感一般搜查令和协助收缴走私物品令对行为人授予了无限制的搜查权，社会大众开始大范围抵制和批判此种行为。于是，英国政治家威廉·皮特发表了那段举世闻名的"风能进，雨能进，国王不能进"演说，主张和捍卫个人的财产与居所不受侵扰的神圣权利。在未经他人适当授权的情况下，人们的财产权和居所安宁属于私人生活的领域，它们应与个人自由一般，不被公共权力和公共领域侵犯。

学者们认为，划分公共领域与私人领域的界限为人们言论的自我表达、精神的自我培养，为形成人际关系以及参与政治生活创造了有利条件，而这是确保人们在精神和肉体上独立、自由的重要条件之一。

之所以提出隐私，并将其作为划分公共领域与私人领域的界限，学者拜福德认为，这源于西方前工业化时期的两个社会特点：①隐私所固有的区域限制性；②隐私与私人财产观念的密切关系。在近代资本主义确立保护个人自由、私人财产神圣不可侵犯的社会制度中，隐私所体现的是以个人家庭和所有物为单位的个人财产权。

公共领域和私人领域划分理论通过一种空间隐喻的方式来理解隐私权。学者通常从空间角度来探讨隐私权。大多数学者认为，隐私权像一个时刻围绕在人们身边的水球，水球的大小就是隐私权的范围。

2. 从消极的"独处"到积极的"个人自决"

受早期隐私"不被打扰""不被接近"概念界定的影响，19世纪到20世纪初，"隐私"一词主要是指不接近他人身体、不侵占他人财产或者不侵入他人"私人空间"，是与公共领域相对的私人领域。随着新的信息技术的出现和发展，以及国家政府权力的扩张，到20世纪中叶，"隐私"的含义已经拓展至个人面对公权力可能有的侵害时，控制自己私生活的权利，而不再是消极地固守在私人空间和领域中的一种不被他人打扰的状态。

二、隐私权的诞生

经历了初期的隐私概念理解阶段，它内化为人们普遍认同的一种价值观念。只不过，在很长一段时间内，由于信息传播技术以及社会交往范围的有限性，隐私的范畴主要局限于身体特征、性生活以及家庭成员之间的亲密行为（如中国古代的丈夫为妻子描眉）等较为朴素的隐私内容。在这些内容上，整个社会的价值认同度具有较高的一致性。据《汉书·张敞传》中记载京兆尹张敞为妇画眉，"长安中传'张京兆眉妩'。有司以奏敞。上问之，对曰'臣闻闺房之内，夫妇之私，有过于画眉者。'上爱其能，弗备责也。"《醒世恒言》第十五卷中对此事的评价是："虽为儒者所讥，然夫妇之情，人伦之本，此谓之正色。"可见，即使是当时至高无上的皇权，在夫妻隐私面前也会让步。这个阶段在隐私的保护方式上也是朴素的，即以个人及其家庭成员的自力保护为主。遮蔽属于私人的事物，通常由隐私的主人以衣物、门窗等物理屏障进行隐藏即可，即便因口耳相传于外，也有"非礼勿视、非礼勿听"的文化约束做保障，并不需要太多的他力救济。以强制力为后盾的国家权力救济是法律意义上的隐私权产生之后的事情。

隐私在自力保护中安稳地度过了漫长的岁月，直到 19 世纪大众媒体的兴起，催生了法律意义上的隐私权。学术研究中的通说认为，隐私权的理论和制度最先都是在美国提出和建立的。1890 年年末，美国法学家沃伦与布兰代斯在《哈佛法律评论》上发表了一篇名为《隐私权》的论文，在理论上宣告了隐私权的诞生。此前，无人提出过隐私权的系统理论，也无成规模的立法和判例。诚如张新宝教授所指出的那样："民法的绝大多数概念和制度都可以从罗马法中找到它们的源头……然而，隐私权的概念和理论首先是由美国学者提出的，保护隐私权的法律制度也首先是在美国建立起来的。"

隐私保护的方式开始体现为法律上的确权，意味着隐私保护已经突破了主要依靠自力救济的形式。《隐私权》一文的问世，就是对当时社会环境中出现的隐私威胁而做出的非常符合时宜的回应。正如文中指出的："立拍即现的照相技术和报刊已经侵入了私人和家庭的神圣领域，不计其数的机器装置使人们可以准确做出预言，'密室私语在屋顶上被公开宣告'。"

在沃伦和布兰代斯生活的那个年代，被视为对隐私的威胁而遭到抨击的主要是报刊等大众媒体。在他们的笔下，新闻报刊对隐私的侵犯被多次提到。他们在论述隐私保护的重要性时这样评论道："如今的新闻报刊和各类发明，侵害个人隐私，使人遭受精神上的痛苦与困扰，较之纯粹的身体上的伤害，有过之而无不及。"在有些段落里我们甚至能够看出作者的愤怒："传播流言蜚语不再是闲散无聊人士的消遣，而成为一种行业，被人们孜孜不倦又厚颜无耻地从事着。为了满足好色之徒的口味，与性有关的细节描写在各种日报版面上广为传播。为了让无所事事者心满意足，报纸连篇累牍地充斥着只有侵入家庭隐私才能获取的流言蜚语。"客观地讲，传播流言蜚语并不是报刊的主业。但在当时的美国，作为一种信息产业，报刊的功能除了"报道新闻"和"传播知识"之外，确实还包括

"提供娱乐"。报刊成为大众传播媒介是 19 世纪 30 年代的事情，其代表性的事件是"人人都看的报纸"——廉价"便士报"的出现。这种报纸到 19 世纪后半叶和 20 世纪初得到迅速发展和普及，以美国为例，1900 年日报总发行量达到 1510 万份，平均每户订报量接近 1 份。报刊迅猛发展的几十年也正是沃伦和布兰代斯生活的年代，报刊的这种能够将"私室密语"展露于全国受众面前的传播能力，在社会上引起了广泛的"痛苦与困扰"，最终隐私权被提出来也就不足为奇了。

隐私权的诞生，是社会发展到一定阶段，信息技术发展和信息传播方式发生变化带来的结果，同时也标志着隐私保护进入了需要他力救济的时代。这种信息技术影响隐私乃至整个信息传播秩序的现象，在今天仍然表现得很明显。

三、隐私的价值

少数理论家把"隐私"看作人类本性，它的价值是内在的、终极性的，是与人类尊严不可分割的一种条件和权利，是对人的平等的尊敬，是一种人格。人格尊严（也可称为人的尊严或对人的尊重）是一项根本的伦理原则，其原意是单个的人具有至高无上的内在价值或尊严；这种尊严先于国家和社会存在，是任何政府及制度设置所不能加以剥夺或限制的。就此而言，这种尊严是绝对的、自然的、不可剥夺的，只要生而为人，即拥有这样的一种价值地位。

在康德的著作中，人格尊严的思想得到了最为深刻而系统的阐述。在对纯粹理性的探讨中，康德认为人具有先天的认识能力，包括感性、理智和理性，通过"自我"的综合能力，人类的知识不断扩展。当人依据理性行事时，个人才是具备自由意志的独立主体。由于个人只服从于自己的理性，所以只有自己才是目的。康德以此推导出"把人当作目的""每个人是自己的目的"的结论，建立了个人在道德上的主体性地位。每个人均是目的，均是道德上的主体，所以不应有屈从他人或支配他人的情形。由于人人都是目的，所以人人都是平等的。而当人类服从于他们的理性时，就会超出自然之上，获得尊严。康德由此所建立的道德原则是：个人是目的，是有尊严的存在，而自由是这项存在的基础。更为主要的是，人的尊严是不可侵犯的，而且原则上必须加以尊重。

借助康德的分析，可知人格尊严的内涵应该包括以下几个层面：第一，人是独立的，人具有主体性的地位，人本身即是目的。人不得被要求或被视为一种工具或手段。当一个具体的人被贬抑为物体或手段或纯粹的数据时，当人仅作为一种客体被对待时，将无任何尊严可言。也就是说，在公私领域的关系上，个人领域是目的，公共领域是为了达成个人目的的工具，而不应反过来支配个人领域。第二，人是平等的，人与人之间的地位是平等的，互不隶属。这是人的主体性含义的自然延伸，人人皆为目的，相互之间不能操纵与控制。第三，人是自主的。人的独立性和主体性必须通过自主来表达。一个人在其行使基本权利的正当范围内，如果缺乏自主的机会，将会失去尊严。人格尊严的要件是，每个人得以在其行为与决定上有自由，而且任何人都享有同等自由。自主是人格尊严的基础，因此每个人保留不受他人、群体及国家支配的独立生活领域。在这个领域内，个人充分享有其自主权，可以自由地选择存在的方式，服从自己理性的安排，无须受他人的支配，如此才能保持本身的独立性，成为有尊严的个体。所以，耶鲁法学院院长罗伯特·波斯特认为，在现代意义上的隐私观念所设想的微观世界里，"个人与他人隔绝，且没有他们的明确同意谁都不能了解他们这个世界。自由主义者坚信，没有这种隐私，就不可能有对政府的抵抗，因为隐私可以说是一小朵乌云，批判理性在它的荫庇之下才有可能安全地发挥作用，隐私是独立思考的空间，它远离现象与感觉的感官世界的影响"。隐私代表着个人的尊严和自由，是个体对抗社会权力的庇护和避难所。正所谓"最贫穷的人在他的茅屋里也可以是自己的君王。茅屋可能是摇摇欲坠的，它的屋顶可能会晃动，风可能会进来，雨也可能进来，但英国国王却不能进来，国王的所有权力也不能跨过这破屋的门槛"。

虽然人格尊严被认为是一项根本性的、终极性的价值，但是由于它所指的往往过于抽象、宽泛而常流于形式，甚至经常被搁置一边。所以大多数理论家倾向于将隐私描述为生活的一种状态。这种状态的好坏，取决于它们是否可以满足外界的需要，例如，对人的精神尊重、有价值的亲密关系或是经济上的有用性。这些论述认为身体、信息、决策和财产的隐私会促进两件事情。第一，它们促进了人性理念的形成，包括理性的、自觉的、在道德上自主的个体的发展；第二，它们促进了人际关系的理念，促进个人的人格和人际关系的隐私价值观，反映了隐私对于个人和社会两个维度的作用，而二者又紧密相关。缺少以休息、思考、实验和独立行动为目的的隐私，个人也将很难尽到公民和监护人的责任，很难对他人和社会尽责。为了促进自觉和自主的个人发展，需要某种程度的隐私；为了促进有家庭感的成员和更为广泛的社区的发展，也有必要形成某种程度的隐私。当我们使用隐私这概念时，此概念就已经蕴含了个人与群体、自我与社会的深层关系。当强调个人隐私的时候，就已经预设了一个前提，即个人与群体、自我与社会的区别。现代社会使人与人之间的联系逐渐紧密，没有人能够成为或愿意成为亚当和鲁滨孙。但是同样必须重视的问题是，尽管公共生活日趋丰富和多元，对于个人来说，私生活依然重要。瑞士学者卡尔·巴特的看法是："真正的人不会融化到他的环境中，如果他确实消融到其中去了，甚或他只是希望这样，他也就不再是一个真正的人了。人是这样一种造物，他不仅仅是完整的造物世界中另一个单纯的成分。他虽属于被造物，但他与其被造同伴之间有着天壤之别。"言下之意，个人不可能完全融入社会中去。个人在参与社会的过程中，仍然必须为自己预留一块空间，以获取真知、提炼思想、体验情感、发展个性、享受生活。也就是说，个人的私生活是个人的城堡，在这里没有隐瞒和虚伪，个体得以真实地生活。而在私人领域中形成的自主观念和经验将是个人参与社会的重要心理支撑。隐私是被用来创造和保护社会文明的，这也是隐私的法理基础。这一观点着眼于隐私对于个人和社会的工具性价值，同时我们也可以把它理解为实现人格尊严的手段。

第二节　　网络空间的特点及隐私安全

1984 年，移居加拿大的美国科幻作家威廉·吉布森写了一部长篇科幻小说《神经漫游者》。小说出版后，好评如潮，并且获得多项大奖。小说的主人公是反叛者兼网络独行侠凯斯，他受雇于某跨国公司，被派往全球计算机网络构成的空间里，去执行一项极具冒险性的任务。凯斯进入这个巨大的空间并不需要乘坐飞船或火箭，只需在大脑神经中植入插座，然后接通电极，计算机网络便会被他感知。网络与人的思想意识合而为一后，人即可遨游其中。在这个广袤的空间里，看不到高山荒野，也看不到城镇乡村，只有庞大的三维信息库和各种信息在高速流动。吉布森把这个空间取名为"赛博空间"，也就是现在所说的"网络空间"，这就是网络空间的最早来源。

一、网络空间的特点

网络时代的隐私权问题要具体到固定的网络空间进行探讨，这里的网络空间指的是以网络交互为主要特色，基于互联网形成的全球性网络空间。近年来频出的隐私侵犯问题和网络空间的特征有着千丝万缕的联系。网络空间是一个数字化、信息化的空间，其中包含众多的网络用户且素质各异，网络信息难以估量且真伪难以辨别等，关于网络空间的关键特征概括如下。

（一）匿名性

网络使用者在网络空间的发言多是匿名性的，无须表露真实身份。诸如年龄、性别、国籍、家庭情况、经济情况、教育背景等个人信息，均在一定程度上无须公开。因此，人们可以挣脱真实空间中的个人特征而自由表达，自由"扮演"其想扮演的任何角色。匿名性的特性对网络空间产生了很大的影响。首先，公民只有在匿名情况下才能毫无顾忌地畅所欲言，无须担心真实身份被查明可能导致的不利结果。其次，真实的身份地位不会直接影响到使用者在网络上发声的地位，网络使用者均基于平等地位表达，其言论的价值不会由于发言者的身份尊卑而受到不同对待。例如，网络著名博主、微博大 V 不见得是真实世界的知名人物或作家，但是他们却能够通过有吸引力的言论吸引粉丝。

（二）结构的去中心化

网络在设计之初就是以分散运算、避免战时整体军事指挥网络瘫痪为目的的。在网络空间，由于没有统一的管理架构和中心，因此网络上的言论、信息资讯大多是出于资源分享而产生。信息资讯的发布、交流都是双向的，使用者一方面接受别人的信息资讯，另一方面也随时可以转化为发言者和信息资讯的发布者。结构的去中心化的特征使得网络空间的各种活动可以蓬勃发展，不同身份、阶层的使用者能够自由地和他人交流。网络空间的商业、教育、娱乐、文化等活动也日益丰富。

（三）网络中立性要求

"网络中立"理念要求运营商在法律允许范围内和社会规范的前提下，公平无歧视地提供传输服务，无条件地承载任何信息资讯与应用程序。"网络中立"理念的内涵包括：一是内容中立，即运营商不得擅自筛选传输内容，并不得阻碍网民自由表达和获得信息；二是价格中立，即不容许运营商在收取上网费后再额外收费，造成价格方面的差别对待；三是发送者中立，即避免运营商对网络内容提供者和消费者进行优惠或歧视；四是信息真实可靠，即运营商应当为民众提供真实、全面、有意义的信息资讯，帮助其自由表达和充分交流。简而言之，网络中立管制的核心在于确保创新者无论规模大小、资历深浅，均能在网络市场上拥有公平竞争的机会。另外，网络中立管制也要能够为广大公众表达意见提供平台，避免运营商和网络服务商心存偏见，歧视、过滤或控制某种信息及言论，维护网络言论的多元化。需要注意的是，网络中立须在法律允许的范围内和符合社会规范的条件下进行。

（四）网络空间信息扩散无界限、无国界

网络不存在有形和具体的空间，因此信息资讯的交流能够突破地理上的限制。在真实空间中，公民的表达渠道无外乎是言语表达或者以书面记载文字、刊登新闻等方式。然而，言语的表达距离很短，表达人和听众之间需要存在于同一空间当中才能进行交流。其他诸如新闻媒体、邮递、长途电话等媒介也只是局限于某一区域或某一国家之内，其影响范围很难扩大。但是网络的出现使得来自不同国家、社会团体和地域的人们自由沟通且不受物理空间的限制。这种无界限、无国界的网络空间特征，也使使用者的交流互动打破了居住地、国籍的限制，而以不同立场或者其他联系形成不同于真实空间的秩序。

二、网络空间隐私安全

网络空间已经逐步发展成为继陆、海、空、天、电之后的第六大战略空间，是影响国家安全、社会稳定、经济发展、文化传播、个人利益的重要因素。它的安全至关重要。这里主要涉及的是网络空间背景下网民的隐私安全问题。

网络安全是保障公民隐私权的重要渠道。早在 2017 年，我国网络用户已突破 7 亿人，俨然成为世界网络用户大国。然而，网络在给民众带来便利的同时，也因其技术本身固有的漏洞把人类带入了一个不安全的透明空间，民众的各种数据不断被网络记录，民众本该享有的隐私权越来越少。2021 年中国互联网协会调查显示，有 63.4% 的网民的通话记录、购物记录等信息遭到泄露。在透明的网络空间中，安全既包括针对垃圾邮件、病毒、犯罪的斗争，还包括应对网络钓鱼以及实施拒绝服务攻击等，其中尤为突出的就是网络病毒和黑客的攻击。2015年，国内知名漏洞报告平台曝光网易用户数据库疑似泄露，数量近 5 亿条；2016年 4 月，山东省高考网上报名信息体系遭到攻击，大量个人信息泄露导致众多考生被骗，花季少女徐某某被诈骗后心脏骤停离世。由此可见，民众的个人隐私信息已经成为黑客和不法企业获利的焦点。坚持网信为民，网信事业发展必须贯彻以人民为中心的发展思想，国家网络安全工作要坚持网络安全为人民，网络安全靠人民，保障个人信息安全，维护公民在网络空间的合法权益。维护公民的个人隐私权利已成为网络安全的重要内容。

针对这一现状，采用以下几项措施才有利于打造更加健康的网络环境。

一是确立基于总体国家安全观的网络强国战略。顶层设计是行动的先导，与时俱进的顶层设计才能够有效指导发展实践，才能让网络发展成果惠及14亿人民。我们必须正视中国与发达国家在互联网方面的差距，进而采取有效措施弥补短板，具体包括改善互联网商业和创新环境、夯实网络基础设施、提升网络经济影响力等内容，让亿万人民真正共享网络发展的成果。习近平总书记指出，虽然互联网具有高度全球化的特征，但每个国家在信息领域的主权权益都不应受到侵犯，互联网技术再发展也不能侵犯他国的信息主权。国家安全的关注视野由此从具体安全领域提升到包括网络空间的"总体国家安全"的战略层次。在此基础上，国家互联网信息办公室颁布了《国家网络空间安全战略》等文件，有效实现了传统物理空间和虚拟网络空间的结合，体现了从生存空间安全向发展空间安全的转变。

二是实施以核心技术和人才驱动的创新发展思路。当前中国的网络技术主要集中在客户端、应用软件等易于研发的下游产品中，而对于核心硬件及数据技术的研发和生产能力还不足。因此要加大网络核心技术方面的投入，鼓励网络硬件技术的研发与创新，同时还要推动已成熟的技术尽快转入应用。教育部专门设立了"网络空间安全"学科，随后北京邮电大学、上海交通大学等先后开始筹备建设国家网络安全人才培养基地，为培养高级网络安全人才奠定基础。大力培养造就结构合理、素质优良、技术过硬的创新型科技人才，是网络安全的重要支撑。

三是探索中国特色的网络空间治理法治化路径。在互联网治理中，无论存储平台是什么，都需要有力的隐私保护和安全防护制度。当今世界很多国家都已建立健全自己的互联网法律，我国也要有一套适应网络时代的保障公民网络安全的宏观法律和制度构想，这样才能保障民众的合法权益不受侵害。为推进重点领域的立法，在维护网络空间安全方面，2017 年 6 月 1 日，《中华人民共和国网络安全法》正式出台，对网络国防安全、关键基础设施安全保护等方面起到了重要作用。为加强网络安全具体制度标准的制定，2017 年 5 月，《关于实施网络内容建设工程的意见》对加强网络内容建设做出了全面系统部署。此外，我国一直在警惕比特币对经济造成的威胁，并于 2017 年 9 月颁布《关于防范代币发行融资风险的公告》，叫停法定货币和虚拟货币的兑换业务。

第二章 网络时代的隐私权及其保障

第一节 网络空间对传统隐私权保障的影响

随着科技发展和社会进步，隐私权的传统保障模式已不足以解决新兴的诸多隐私权问题。因此，必须重新审视隐私权的分类与保障模式。

隐私的合理期待判断标准涉及如下两个方面：一是主观隐私期待，即"个人必须显现对其所主张的隐私有真正的主观期待"；二是客观隐私期待，即"该期待必须是社会认为属于客观合理的期待"。在这种真实空间中的隐私权保护模式背后，其理论预设前提是公私领域的分界是泾渭分明、非黑即白的。例如以普洛瑟教授理论为基础建立起的美国侵权行为法体系中，隐私权中所包含的"侵扰""公开揭露私密事实""公众误解"等类型，均需要建立在明确划分"公领域"与"私领域"的基础上，不容许有公私领域之间的模糊空间存在。

然而在网络空间的环境下，公私领域之间的界限变得越来越模糊，这给隐私权保障带来了很大的困难。我们以社交网站为例，使用者需要首先设置个人资料档案作为个人在网络空间中的身份代表。在此过程中，使用者可能透露许多个人信息，以便他人（不论先前在真实空间中是否认识）了解该使用者的身份。这些资料包括：姓名、性别、生日、联系电话、电子邮箱、曾（现）就读的学校及工作地点、兴趣（喜欢的歌手、电视节目、电玩游戏……）、政治倾向、亲属关系、感情状况（单身、稳定交往、已婚、离婚）等。除此之外，有些社交网站还要求贴一张足以识别身份的大头照，希望用户透露更多信息，如您读哪所学校、哪一年毕业，以便帮您找到更多朋友，等等。社交网站收集这些信息的目的，在于促进使用者与他人的互动、交流，从而吸引更多的用户。

在加入社交网站后，用户可以分享各种形态的信息资讯：现在在想些什么、做些什么，可以将文字内容张贴在自己或朋友的涂鸦墙上，分享各种图片、照片等。智能手机盛行后，社交网站的功能亦日趋强大。除了可以通过手机开展前述的文字张贴、照片上传外，还可以通过 GPS 定位在社交网站、网络上分享足迹，并附加照片、视频，标记朋友，实时上传。

社交网站提供的上述方便且直观的功能让交流情感成为简单的事，然而，在任何网民都可存取、下载信息的网络空间中公开私人数据，却是有较高风险的。早在社交网站出现前，网络空间中已有相当严重的名誉侵害以及身份盗用问题。在社交网站兴起后，使用者可以轻易地创立代表自己的"个人档案"并密集地与他人互动。在这种情况下，一旦发生网络名誉、隐私等权利的侵犯，将会产生严重的后果。

网络空间的魅力在于任何人只要拥有通信设备与网络，且有功能完善的网络软件就可以轻易地实现网络资源共享。社交网站的设立，更是给予了每个人表现自己的一片空间。社交网站的制式化、简单化的服务功能，使得一般人只需动动鼠标就可以操作，因此即便是年岁较大的人也可轻易上手。在社交网站上，使用者会认为个人档案是属于我的天地，我的个人网页是我自己的空间。所以，张贴各种私人信息与相片是再自然不过的事，发表各种言论更是使用者的自由。但是问题却接踵而至：在传统的真实空间中，公与私的领域划分还可能有物理界限存在，例如在自己住宅内的言谈举止，依据隐私的合理期待判断准则，应受隐私权保障。但在社交网站"属于"使用者的"空间"中的发言，究竟是公领域还是私领域？传统上判断合理隐私期待的判断依据，并不适用于网络空间。或许使用者自己认为是在"私领域"中发言和上传数据，但实际上是"众人可见、传诸千里"。面对这种情况，应如何界定是否受隐私权保障也有相当大的疑问。

更令人忧心的是，一旦产生隐私权争议问题，使用者会处于相当劣势的地位。首先，在社交网站上的数据是储存于社交网站的服务器当中的，使用者难以掌握自己的数据流向。其次，在社交网站中，一切隐私权、名誉权的游戏规则无不掌握在网络服务商手中。他们通过使用条款、隐私权政策等手段掌握一切使用者的"生杀大权"。

那么，还有没有更好的方式来判断合理隐私期待是否存在呢？有学者认为，应当通过"调查"方式进行判断。但这种方式也存在诸多困难。首先，针对合理隐私期待所做出的民意调查是否应针对全国或特定地域开展？因为不同的社会群体极有可能得出不同结论。其次，一般公民所表达的偏好与其行为通常会有所不同。例如，虽然多数人对于隐私权表示出强烈需求，然而一旦给予其一些便利或施以小惠，很多人也会同意交出其个人资料。

基于上述以调查方式判断合理隐私期待的困难，又有学者提出搜集"行为数据"的分析方式，找出公民心中的合理隐私期待，然而，这种方法也存在一些问题。公民对涉及隐私权的观点与言行可能会受到众多因素的影响。此外，有些网络公司会欺骗消费者，使其误以为自己毫无选择余地，只能交出个人资料。除此之外，一般人也不了解自己的个人资料未来的流向和用途。以上情况的出现主要是因为一般人缺乏对隐私权的谈判能力的认识，缺乏评估隐私权风险的专业素养。

因此，如果仅仅是观察一般人的隐私保障行为，将会对社会上所保持的合理隐私期待产生误解，而退一步来说，即便上述方法有助于揭示和正确评估社会现存的合理隐私期待，如果我们对隐私权的规范缺乏客观解释，依旧相当危险。这样下去，个别不良社交网站可以轻易地以公民已经习惯对其隐私权的长期侵害为借口，使侵犯方式合理化，并使社会公众在不知不觉间降低对隐私权的重视程度，借此改变社会的合理隐私期待。更严重的情况是，如果政府不加以管理和引导，那么老百姓就会认为通过任何方式观察到的都是合理隐私期待，而实际上这些社会现象都是不正常且扭曲的。

第二节　网络空间隐私权保障的具体方式

除了在隐私权的概念层面强化对于社交网站使用者隐私权的保障外，是否还有具体可操作的措施可以作为保障呢？本节接下来要讨论的问题是如何让受到隐私侵害的使用者获得具体救济。网络空间的隐私权问题主要涉及三方面的关系，包括网络服务商、使用者、政府。解决隐私权问题的具体方法包括以下两点：一是私法途径，即主要通过私法对社交网站经营者与使用者间或者使用者相互之间的问题予以约束，并给予司法救济；二是公法途径，即主要是通过行政管制的方法调整政府与社交网站经营者之间的关系。

一、私法解决途径与使用者的自律

（一）网络服务商与使用者之间的关系调整：隐私权政策与使用条款

网络服务商与使用者之间如果发生隐私权争议，首先需要考虑的解决方式是合同约定方式。使用者在网络空间第一次使用网站服务时（例如用户加入网站的会员时），通常在阅览网站使用条款后点击"同意遵守使用条款、隐私权条款"的按钮或勾选该选项，以表示对该使用条款、隐私权条款的同意。对隐私权政策及使用条款进行规制可以解决网络服务商与使用者之间的隐私权争议。

网络服务商如果能够清楚告知使用者有关如何使用、处理使用者的个人资料，则政府无须介入。用户若是拥有充分信息，且网站的隐私权政策公开、诚实而透明，那么用户就可以在信息揭露、公布信息等方面做出正确决策。然而，很多看似稳定，而且能合理解释、解决网络服务商与使用者之间争议的隐私权政策与使用条款，实际对使用者相当不利，相较于真实空间中的契约条款，网络空间中的隐私权政策及服务条款更倾向于维护网络服务商的利益。

另外，在使用者方面，隐私权政策也面临不同层面的问题。使用者通常不会阅读隐私权政策，阅读了可能也看不懂，甚至即便想看，也找不到这些隐私权政策在哪里，而且，几乎所有的隐私权政策都篇幅较长且充满法律词汇，深奥难懂。

尽管如此，司法机关在处理相关争议案件时，仍然会优先考虑以网络服务商与使用者之间的合同作为裁决依据。不过本书认为，法院在审理涉及网络空间隐私权的案件时，在使用者难以了解、理解隐私权政策与使用条款相关内容的情况下，仍需做出有利于保障使用者隐私权的解释。否则，如果一味容许网络服务商利用其优势掌握隐私权政策的解释权，会对隐私权的保障产生巨大威胁。也就是说，隐私权合理期待判断准则的解释权应掌握在司法机关手中，必须仰赖法院合理的解释和裁判，才能保障公民的隐私权。

（二）使用者之间的隐私权争议：建立隐私权领域版本的授权条款

如果社交网站的隐私权问题发生在使用者之间或使用者与第三人之间，由于使用者之间并不存在契约关系，也无法通过解释"使用条款"或"隐私权政策"的方式解决隐私权争议。一旦造成损害，即便通过赔偿抚慰金的方式填补精神损害，也无法挽回私密事项外泄的结果，更无法解决随后可能带来的名誉权损害。因此除了民事侵权救济之外，能否采取事前预防措施，以免隐私权遭到侵害？本书认为，可以仿效著作权法领域的"知识共享"计划，提出隐私权的授权方式，作为事前警告他人有关隐私权事项的依据。

所谓"知识共享"，是指一般用于设计、摄影、图片作品的开放式分享。传统的著作权通常为两个极端，一个是"保留所有权利"，另一个则是"不保留任何权利"（公有领域）。

"知识共享"则试图在两者中间广大的灰色地带保有弹性，使得创作者可以"保留部分权利"。"知识共享"能够提供多种可供选择的授权形式及条款组合，创作者可与大众分享创作，授予其他人再散布的权利，却又能保留其他某些权利。"知识共享"的诞生是为了避免现代知识产权以及版权法在信息共享方面的问题。该计划向版权持有人提供了多种自由的版权协议，以应用于作者发表在网络上的内容。它同时也提供了描述协议的诠释资料，以利于电脑自动处理及定位。这些努力是为了反击已经支配了现代社会，且拘束力日益增强的"权限文化"。权限文化是传统出版者为了维持并加强其在流行音乐、大众电影等方面的影响力，向社会大力推行的一种文化。

"知识共享"是一个相对宽松的版权协议。它只保留了几种权利，除此以外的权利全部放弃，使用者可以明确知道所有者的权利，从而不至于侵犯对方的版权，与此同时作品也可以得到有效传播。作者可以选择以下四种权利组合：一是署名，即必须提到原作者；二是非商业用途，即不得用于营利性目的；三是禁止演绎，即不得修改原作品，不得再创作；四是相同方式共享，即允许修改原作品，但必须使用相同的许可证发布。

"知识共享"机制可使网络用户在利用他人创作作品时，更直接地了解原作者对其作品的看法，进而判断自己能否合法利用，是否需要获得同意才能使用。同时，这种方式也可以减少事后关于著作权的诉讼争议。我们不禁联想到，隐私权领域是否有可能建立一套类似的制度，以明确表达出使用者的主观隐私期待，以防第三人侵害其隐私权？

隐私权的控制与保障一般是采取"告知后同意"的选择加入方式。如需使用他人的隐私数据，必须事前对隐私权的潜在受影响者进行告知并取得其同意。例如某些重大学术研究、人体生物数据库的经营者；又如研究者在采取特定公民的 DNA 数据前，必须得到受采者的同意，不过，如果在使用他人隐私数据前，均须获得当事人同意，那么实际操作起来可能存在困难。例如，找不到隐私权的潜在受影响者，无法得到确切的同意。如此一来，将可能使使用他人隐私数据者因为此种保护方式过于麻烦而拒绝使用"告知后同意"的选择加入方式，反而对隐私权造成更大侵害。

因此，是否可以设计一套适合隐私权领域模块化的，让一般人能够轻易理解的事前授权条款，以便使用者在发布各种个人资料时，附带标示其隐私权态度，第三人在评估是否可以转载时，能够弄明白数据主体的偏好？在转载或为其他出版行为时，他们就可以从容地事先除去资料主体明示为隐私内容、不准转载的那一部分资料，预防隐私权侵害的情况发生。

（三）司法机关的事后控制方法

隐私权政策和使用条款的解释、"隐私权授权系统"都能够表明使用者的主观隐私期待，都是为了解决将来可能发生的隐私权争议。因此，司法机关通过侵权行为法救济受到隐私侵权的使用者，是一项很重要的制度设计。

二、政府管制网络和保障隐私权的必要性

启动网络管制是基于公益考量，至于公益内涵是什么，需要结合具体的管制对象才能阐明。从管制目的来看，网络具有公共产品的特性，政府的管制能实现如下两项公共利益：一是在经济层面，促进网络科技创新与维护社会整体福利，有利于互联网产业的长远发展；二是在非经济层面，避免网络言论的同质化，促进信息自由流通与公民言论自由，维护民主协商和文化多元价值。

（一）经济层面的管制

经济层面的管制侧重于消除市场准入障碍，避免占有优势地位的私人破坏公平竞争。如果单靠市场无法达到该目标时，政府应取缔不当的差别对待。适者生存的市场竞争最能促进科技创新，因此政府应当确保创新者无论规模大小、资历深浅，均能在网络市场上拥有公平竞争的机会。在网络市场环境下，运营商会向不同的网络内容提供者和消费者收费，并提供差别性服务，这种做法的益处是使运营商愿意扩大网络基础设施的投资，提高信息服务的质量，有效防止网络堵塞。但是这也无可避免地带来两项弊端：

（1）提高网络科技创新的成本，打击网络内容提供者的创新积极性。网络创新产品由于质量千差万别、研发风险较大、投资收益率不高，因此需要互联网提供低成本的营商环境。运营商的差别对待尤其是歧视性收费，会削弱消费者对个性化服务的需求，提升网络商业经营成本，吓退原本有创新意图的网络内容提供者。

（2）人为限制某些有潜力的科技创新，破坏市场竞争环境。网络需要"保障自由竞争的存在，让最好的创新者存活下来，并确保市场始终被最优秀的竞争者所领导"。由于运营商有可能决定众多网络竞争市场主体的输赢，因此被视为潜在的防范对象。从实践来看，运营商延伸使用其稳定的优势地位，歧视某些初创小公司或偏袒市场赢家，从而对竞争环境构成威胁。只有网络监管方保持中立地位，才能避免这些差别对待阻碍互联网创新、不断强化互联网龙头企业的领先地位，以及限制微小型企业的生存发展。

（二）非经济层面的管制

网络管制之所以备受瞩目，还与运营商、网络服务商扮演的中介者角色日趋重要有关。在互联网发展早期阶段，人们均乐观地认为网民无须其他中介者就能和不特定多数人直接对话。但是近年来，运营商、网络服务商在传播资讯之外，也通过经营搜索引擎、博客、影音服务等介入乃至控制网络言论环境，承担起"守门员"的角色。以控制与过滤网络内容为例，运营商、网络服务商可借助过滤垃圾邮件、阻断恶意程序等手段，使普通网民不能获取特定的信息资讯。但若滥用这种守门员的控制功能，就会对网络言论环境造成干扰与破坏。例如：搜索引擎根据出价高低操作搜索结果，对不同的资讯内容进行排序；社交网站根据其自身偏好，筛选与删除特定内容的言论。从促进民主健全发展的角度来看，由于网络已逐渐成为社会公众接收信息资讯的大众传媒，因此这种做法侵犯了公民的资讯使用权，并威胁到网络的开放与多元。网络管制的关键在于在法律允许范围内，为广大公众表达意见提供健康的平台，避免运营商和网络服务商心存偏见，歧视、过滤或控制某种信息、言论，从而维护网络言论的多元化。

第三章　网络时代对隐私权的多源侵犯

新技术环境下，各国都以隐私观念的变迁为思想基础，对隐私权的法律保护进行了相应的调整。但是，法律从来都不是解决问题的最有效手段，隐私权法也不例外。一方面，隐私权法的更新无法根治政府、媒体对个人隐私权的侵犯；另一方面，它更加不能预见到在新技术环境下，企业组织以及个人也加入了威胁个人隐私权的行列，成为两个重要的危害源头。在这样的情况下，个人隐私权正面临着来自四面八方的威胁。

第一节　新技术环境下的隐私风险

当今社会，计算机技术的发展席卷世界，这是一种前所未有的新技术革命，便携式智能移动终端的普及，创造了一个前人无法想象的世界。他们想不到拍摄照片发布到网络、与他人共享、反馈互动，这一传统的传播流程可以在几分钟甚至不到一分钟的时间内完成。互联网是一个令人倍感兴奋的工具，只需轻点鼠标，海量的信息便触手可及。与互联网技术有关的电子商业业务的迅速扩张更加便利了用户的工作和生活。比如，人们通过网络足不出户就能够购买机票和火车票、预订酒店、送花给朋友或者购买任何需要的物品。

人们在享受着信息的流动带来的快感之时，也已经深深地感受到网络技术侵犯个人隐私的可能性较之以前大幅增加。强大的信息收集功能只是互联网技术最基本的特征，收集、存储、处理和共享（散布）信息的能力都对个人隐私造成了难以预测的威胁。

一、信息收集与隐私风险

互联网生产信息的数量是惊人的。通过互联网的每次互动，每一次信用卡交易，每一次银行取款，每一次杂志订阅都被数字化地记录并且与特定的个人联系起来。互联网收集用户信息的途径主要有数码阴影和数码指纹两种方式。数码阴影是其他人生产的关于某些人的信息，数码指纹是用户自己生产的信息。在互联网上，虽然数码指纹的数量很多，但是数码阴影的数量已经超越数码指纹。

（一）数码阴影

公共和私营组织通过追踪他人在网上活动时生产出的个人信息，将这些信息收集并存储到数据库。这种网络用户有意或无意泄露在网上的个人信息被公开，或以营利为目的被收集整理的行为，使得网络用户时时感觉他们的个人信息是脱离了自己控制的。个人信息经常在个人的控制之外，甚至未经得当事人同意而被收集和使用。"我们的搜索历史、所处位置的信息、浏览习惯、阅读行为，甚至我们的情绪都能以我们想象不到的方式被收割或者使用。技术的革新产生了前所未有的数据匹配、去匿名化和数据挖掘的形式，所有这些都导致了广泛的'数据档案库'。"比如，谷歌存储了所有的个人搜索请求，而且能够详细勾勒网络用户，"谷歌对我们的了解比我们自己能够记住的还要多"，这是用户的切实感受。不是所有信息都是可以追踪可识别的个人信息，但是通过与其他信息的叠加，那些零散琐碎的信息就可能会变成个人信息。

除了这些公共或私营组织生成关于个人的信息外，其他个人也越来越积极地生产关于其他人的信息，比如通过博客和微博。一个具有说服力的例子是为照片贴标签：将一个人的名字添加到社交网站上的一个照片上，于是这张照片就能自动链接到那个人的主页。因为每天有无数张照片被上传，也有无数名用户活跃在社交网站上，因此人们很可能被认出来。

当用户在互联网上交流、浏览网页或者购物时，在其无意识状态下便会遗留下数据痕迹，比如用户进入了购物网站的哪家商铺，在这个店里看了什么，买了什么。即使最终没有进行交易，用户也会在下次打开该网站之时看到其为自己推荐的商品，而这些商品都与上次自己浏览的商品有关联。这样是因为互联网使用了数据追踪技术，能够陈述个人在互联网上做的每一个停顿。因此，用户的任何活动都不会逃离其视野之外。

（二）数码指纹

数码指纹是指互联网上由用户自己创造的信息。博客等社交网站就是数码指纹的典型例子，用户每天都会主动将自己的个人信息张贴到这个网站上。可以说，每个用户都是一个内容生产者。人们主动留下的数码指纹数量大得惊人，而且，社交媒体上的交流经常发生在公开或半公开的场合，这些信息能被其他人轻易获取。所以，以先进的技术为基础的网络系统，一旦个人信息进入，当初披露它们的初衷就无所谓了。一旦被允许自由流动，信息就会完全脱离它们原始的语境被解释和使用（或者滥用）。除此之外，个人为获取各种各样的在线服务，披露关于自己的数据（比如姓名、电子邮件地址等）已经变得越来越平常。然后，在一段时期之内，这一信息被存储在企业的数据库中，而且有可能与其他的企业部门或有选择的第三方组织共享。例如，当你在亚马逊上浏览、体验购物时，如果你看中某件商品并有购买意向，首先要做的是用邮箱或手机号码注册一个亚马逊账号。这样，亚马逊就记录了你的邮箱地址，除了为方便用户购物发送的日常邮件之外，它还会经常发送本质上属于广告的邮件，其中推荐的与之前的购物体验相似的商品类目表明其显然也在记录着用户的购物习惯和偏好。亚马逊虽然不会读心术，但是，一方面，它会根据你自己的购物喜好继续向你推荐同一类别的商品；另一方面，它会利用你浏览和购买物品的倾向来搜索其他有类似喜好的买家。如果它定位到了有相同的买家，它就会把那个买家买过的其他产品推荐给你，因为它会通过你们买的共同的产品判断出你们有共同的喜好。

购物者和消费者丧失了对自己的可接触途径，比如邮箱或手机号码，同时也丧失了对自己的喜好偏向的控制。电子邮件地址和购物喜好都属于个人信息，大多数理性人都不喜欢毫无意识地或在意料之外对自己的信息失去控制。

在我们生活的这个"大数据"的世界中，互联网上生成的信息不仅仅是个人主动生产的，其他人通过收集遗留痕迹也能生产关于个人的信息，而且第二种的数量已经超越了第一种。数码阴影和数码指纹都以某种方式威胁着个人的隐私权。

二、信息存储与隐私被交易风险

互联网收集这些碎片化的个人信息意欲何为？这些信息被存储之后将会被存储在互联网庞大的数据库中，然后海量的个人信息进入计算机的存储空间，这些信息被分类整理，并以不同方式排列组合，描绘出一个个人的"侧面像"。极端情况下，这些信息会成为各个公司竞相追逐的资源，因为其可以提供定制化和个性化的服务。在利益的驱使下，这些信息不可避免地会成为现金交易和买卖的对象。

个人信息流动的这一完整过程涉及信息的存储和处理以及交易。具体到存储过程中，云技术的出现解决了困扰着存储的容量问题，这使得海量信息的存储更加容易。除了存储空间的无限扩展之外，个人信息的存储之所以更加便利还与用户网上活动越来越频繁有关。除非你不从网上购买任何你需要的东西，只以现金结账，否则你的个人信息、习惯和喜好都将成为任何想知道它们的人的"猎物"。比如，一次简单的购物，购物的支付方式从现金到储蓄卡或信用卡交易的转变就会导致个人信息的泄露。想象一次实体店的购物体验，用户选定一家中意的店面挑选需要的商品，有售货员向用户进行介绍和推荐，最终用户选定了中意的商品，并用现金支付，之后离开店铺。在这个过程中，售货员与用户有交流和谈话，但是互相不知对方的姓名等个人信息，用户用现金支付了货款，收银员只知道该用户是千万用户中的一个。而在互联网技术和网上交易出现之后，我们的购物、储蓄和进行日常事务的方式已经经历了剧烈的转变——这些改变导致了记录和数据数量激增，比如，现在，我们的钱包里不会有大量现金，而是被各种银行卡、会员卡、购物卡、信用卡所填满，所有这些都可以被用来识别和记录我们去过哪里和做了什么。

支付方式的不同直接决定着用户的个人隐私受到保护的程度，对支付手段的选择也影响着用户的隐私。不同的支付手段生成和能被收集的个人信息的量不同，现金交易不能收集个人的身份、购买的商品或服务、商家、交易日期和时间，而这些信息在银行卡支付过程中都能被收集。

现金交易为线下世界中的经济交易提供了最严格的隐私保护。在线上环境中，现金的数字化等价物还没有被广泛采用，大多数线上购物都是通过银行卡进行，这能够识别当事人并便于商户对购买信息的收集。线上世界中现金等价物的缺乏，以及它在现实世界中的收缩使用，将会严重影响个人的经济交易的隐私。

一个人从出生到死亡都逃不开被记录的命运，从他的出生证明、疫苗接种记录、受教育情况、结婚以及离婚手续办理、破产申请和社会保障福利的集合都被一一记录在案，这些记录被掌握在政府手中。在互联网出现之前，其安全性并未引起隐私权倡导者的担忧。但是，互联网出现之后，信息的数字化和计算机存储使得信息泄露的可能性大大增加。用户的医疗信息、经济信息等都被诸如医院、银行等不同的机构收集并存储，甚至它们比用户自己更知道"我是谁，我拥有什么，我喜欢什么"。

现代技术的收集、聚集、分析和散播个人信息的能力，还有当前的交易实践活动已经使得个人隐私处于不能受到充分保护的风险之中。

第二节 媒体与隐私权侵犯

隐私权从诞生之日起就与媒体结下了不解之缘。19世纪末期，在"黄色新闻潮"背景下，报纸记者携带便携式照相机，用窥探他人私生活的方式满足报社和读者的需求，隐私权的意识受此刺激而萌芽。至今，各种各样的媒体平台更以前所未有的方式对个人隐私构成威胁。

一、黄色新闻——对报纸的义愤

广告业兴起之际，面对巨大的生存压力，传统媒体开始寻求新的发展路径。广告和垄断的兴起，给传媒业带来了新的矛盾和危机。报社之间为了获得更多的利润展开了疯狂的竞争，而垄断的加剧让传播渠道不断减少，新闻界自由放任现象随处可见，而受《美国宪法第一修正案》保护的新闻自由也遭到媒介经营者的滥用。一方面，新闻版面被大篇幅的广告挤占，广告版面不断扩大，甚至占到了整个报纸版面的2/3，这样就使得报纸提供的信息减少，为公众提供信息的能力大大降低；另一方面，新闻媒体为吸引读者眼球从而赢得更多广告，大篇幅地刊载色情、暴力、政治煽情和伪科学等文章，在社会上造成了不良影响，最后愈演愈烈并引发了19世纪末20世纪初的"黄色新闻"。其中以威廉·赫斯特的《纽约新闻报》与普利策的《世界报》的竞争最为激烈，最终因招致公众和有责任感的媒体的抵制而逐渐衰退。

在提到黄色新闻的时候我们都会引用美国著名史学家埃默里父子的一段名言："黄色新闻从最坏处说，是一种没有灵魂的新式新闻思潮。黄色新闻记者在标榜关心'人民'的同时，却用骇人听闻、华而不实、刺激人心和满不在乎的那种新闻阻塞着普通人所依赖的新闻渠道，把人生重大问题变成了廉价的闹剧，把新闻变成最适合报童叫卖的东西。最糟糕的是，黄色新闻不仅起不到有效的领导作用，反而为犯罪和暴力开脱。"1900年时，美国约有1/3的大都市新闻报都跟随着黄色新闻的潮流。

在这种情况下，公众对新闻媒体产生了极大的不信任感，新闻伦理问题日益明显，人们面对媒体时的隐私意识也逐渐凸显。至今，无论在哪个国家，大众媒体都是侵犯隐私权的主体之一。在关于隐私权的判例中，新闻媒体占据着较大比例。进入互联网时代之后，由于信息的链接、分享、收集变得更为便利，网站或个人侵犯他人隐私权的案例更是越来越多。

二、新闻自由与隐私权的冲突

新闻自由概念起源于英国，是随着近代资本主义经济和政治制度的形成和发展而逐渐演变的。在英国的影响下，新闻自由在美国建国后得到了比较充分的发展。在西方其他国家，新闻自由的形态因具体历史条件、政治结构、新闻界与政府的力量对比的不同而存在着种种差异，但是新闻自由的基本精神趋于一致。在当代，世界上大多数国家所认可的新闻自由是一种普遍的公民权利。

《世界人权宣言》不是国际公约，不具有法律约束力，但它为后来国际人权活动奠定了基础。1966 年，联合国大会通过了《国际人权公约》，即《经济、社会、文化权利国际公约》《公民权利和政治权利国际公约》和《公民权利及政治权利国际公约任择议定书》，于 1976 年生效。《公民权利和政治权利国际公约》所确认的权利大体上与《世界人权宣言》中公布的个人权利和政治权利相当。它的第 19 条规定："人人有权持有主张，不受干涉。人人有自由发表意见的权利，此项权利包括寻求、接受和传递各种消息和思想的自由，而不论国界，也不论口头的、书写的、印刷的、采取艺术形式的或通过他所选择的任何其他媒介。"但是这些权利的行使要受到法律的限制。只有在"尊重他人的权利或名誉，保障国家安全或公共秩序，或公共卫生或道德"所需的情况下才能对此进行限制。

现代的隐私观念强调的是对个人信息的控制，其中包括未经允许不得随意公开个人信息，未经允许不得随意进入私人空间。这两种最主要的隐私含义都与新闻自由强调的获取、传播信息的自由有关。

因此，新闻自由、表达自由与隐私权存在着内在、天然的冲突和对抗。具体体现为传统新闻媒体在采访报道中的窃听他人电话、监视、侵入住宅等采访手段，以及公开他人私人信息。

在新技术环境下，媒介技术的发展使人类一步步摆脱时间和空间的限制，消解了现实传播的确定性和时空限制，从而使人摆脱了偶然性的束缚，无止境地拓宽了传播的时空疆域，使传播成为不受时空制约、可以自主选择的自由传播，成为向无比广阔的领域、无限多样的形式开放的传播。即时通信、博客、播客、短信、电子商务、智能手机、微博、微信、社交网站等使个人践行新闻自由的成本大大降低，自由自在弥散式的信息分享与链接，使得侵犯个人隐私更加便利。

新闻自由、言论自由在美国受到《美国宪法第一修正案》的保护，有深厚的法律和文化传统，这导致了当涉及新闻媒体的表达自由侵犯隐私权的案例时，隐私取胜的概率不高。而在欧陆国家，个人隐私关涉的是一个人的荣誉与尊严，相较于新闻自由，这一价值具有更高的地位。

美国的法律也保护隐私期待，只是当新闻媒体的表达自由与隐私期待相冲突的时候，隐私几乎每每败下阵来。具体到互联网环境，这种结论依然成立。目前美国国会已经通过了旨在禁止给网络服务提供商强加责任的立法，而且，美国法院认为，一旦照片已经在网络上传播且不能撤回，禁令就没什么意义了。这就导致相似的案件情节在美国会得到不同于欧洲大陆的判决结果。

三、新媒体时代的隐私消费问题

随着人们对新媒体和互联网的依赖日益加剧，通过新媒体渠道隐私自曝和表演以及隐私消费问题进入了一个快速发展的阶段。

（一）隐私消费的特点

融合和交往是新媒体环境的两个关键词。一方面，在技术和资本的双重作用下，多种形态的媒介在数字技术基础上建构了一个与现实世界交融一体的媒介世界，为全球受众提供了大量且复杂的影像、叙事与族裔景观内容，人们身处其中而浑然不觉；另一方面，社交媒体的发展带来了从传播到交往的转向，人作为社会交往主体，每个个体可以作为传播者出现，同时又可以作为受者、消费者出现，可以说，社交媒体平台上进行的是现实社会交往活动的延伸与放大，与人际网络类似却又更为开放、透明、辐射面更广。在聚合了印刷媒体和电视媒体环境中隐私消费不同特征的基础上，这一媒体环境下的隐私消费进入了交往隐私阶段，其特征和发展态势有以下几方面。

首先是隐私消费方式多元化，总量剧增，在隐私消费的主体和对象上进一步实现了名人和普通人并重，体现了隐私展示和窥视的一体化。真人秀电视节目、娱乐谈话、八卦新闻、社交网络、视频分享网站等构造了一个立体网络世界，其中社交媒体已成为隐私消费的主阵地。在社交媒体提供的海量数字存储空间中，不仅演艺明星频频公开私生活，各界名人也均有不同程度的私生活公开；不仅仅是各界名人，普通人的私生活亦是隐私消费中的重要内容，民众可以在任何时候将自己捕捉到的名人踪迹和自己的娱乐观点发布在社交平台上，也可以发布自己的各类私人事务、展示私人空间，这样一来，每个社会个体都成了潜在的隐私信息的采集和发布者，而接收、观看、反馈乃至补充内容都可以随时随地通过电脑或移动设备完成。在民众越来越多地参与其中时，隐私消费也进入了一个爆发期。同时，较之此前媒体环境中的隐私消费，社交媒体中的隐私消费者更具有消费的主动性，他们积极参与对自己或他人隐私的公开，同时又在围观窥视他人，形成了隐私展示和窥视一体化的现状。

其次是以隐私消费作为社会交往的重要形式。无论是名人还是普通人，在社交媒体中展现的既有真实的隐私，也有表演的隐私，分享、消费隐私的过程即是一个社会交往的过程。从名人视角来看，对自己作品、观点、日常活动乃至个人事务、空间的选择性曝光，既有宣传目的，也有以此扩大交往、聚集人气的目的，是有效的社交形式和手段。对于普通人而言，衣食住行、点滴心情都在社交媒体中加以记录和传播，其中既有以自曝隐私的表演作为成名捷径，也有社交媒体中的交往本意。如各个社交网络平台就演示了人们在网络化世界中对连线式交往存在的需求，他们通过隐私消费展示社交能力，建立并维持一种联系的状态，以此获得与他人、社会之间的某种形式的亲密及连接感，以帮助建立和维护自己的社会关系。

最后是隐私消费瞬间热度高，消费范围广，消费周期缩短，迅速升温和迅速降温成为八卦隐私消费的重要特征。

（二）隐私消费心理及其影响

当代媒体环境中隐私消费的大规模发展是多方面因素交互作用的必然结果，其中包括：除却商业化背景下永恒的市场驱动力，社交媒体的媒介属性提供了可能性，社会心理提供了必然性，而当代国际政治经济格局动荡、国内社会矛盾日益增多的社会环境则充当了催化剂。此外，还有社会文化环境的多元化、民主与宽容、技术发展造就的媒介权力的分散和平均化，以及互联网发展培育出的受众群体的接受和审美习惯的转向及寻求自身话语权等多方面的因素，在此不再一一展开。其中需要着重提及的是自恋在某种程度上已经成为当代社会的集体特质，如英国社会学学者阿伯克龙比和朗赫斯特在其著作《受众：表演与想象的社会学理论》中所言，融合媒介环境中的媒介由日常生活构成，而世界是由自恋的个体组成的舞台景观。现代人随时都处于被观看的状态，随时都自觉处于视线的中心，四周环绕着扩散的受众。自恋型人格的集体投射堪称是隐私消费背后的深层心理因素所在。自恋是"一种心理的兴趣集中在自身的注意力"，自恋心理强调的是一种以进入虚幻世界为目的的心理宣泄。通过将内心的焦虑投射到外在对象身上，将外物变成心理镜像，从而缓解沉重的心理压力，这就是自恋心理所追求的心理满足。当代社会的多元价值观和景观消费倾向加速了自恋型人格的发展，当人们对自己的生存状态无从把握的时候，通常会出现两个方向的膨胀：其一是自我暴露和倾诉的欲望，希求在自我暴露中感知自己的存在；其二是对周围人过度关注，以此感知自我的存在。这种自恋型人格的表现直接体现为公众生活与私人生活的分界不明。这种公私生活的模糊之势已经延续了很多年，但是电视机的出现彻底捅破了最后一层窗户纸，使私人生活堂而皇之地出现在公共领域中。而社交媒体实现了公共生活与私人生活关系的一次革命，在社交媒体平台上，私生活展示范围更广，借助碎片化、快速更新的文字、图片或视频，从名人到普通人都在展示私人生活并热情关注他人的私人生活。

隐私消费具有一定的意义和功能，其生产和建设性渗透在当代社会生活的各方面，首先是转型社会中作为减压阀的释放功用，体现在两个方面：一是以隐私话题解构名人，为普通人提供还原之后的类比和认同，以此为参照来探讨自身的道德伦理建设，缓解焦虑获取娱乐；二是通过私人形象、生活体验的展示，以后台形象需求拉近人与人之间的距离，在即兴的亲昵感中获得虚拟的亲密。其次是通过隐私消费实现对自我身份的认同功用。人们在隐私展示和窥视中建构自我，寻求社会认可和社会关系发展。阿伯克龙比等结合拉康精神分析理论即认为，自恋会与表演连接，将自我当成表演者，将他人当作观众，使自我建构在他人的反应上，需要通过观众的反馈来完成自我认知，可以说，从隐私消费满足的需求层次来看，隐私消费已经成为当代人社会化的一个重要渠道。最后是对日常生活消费的深化。社会学者勒费布耶在其《日常生活批判》中就提到日常生活包含诸多人类生机盎然的经验、千变万化的真实，是各种关系的整体，强调以创造力转化日常生活，实现生活的艺术化。

隐私展示和窥视是人类狂欢精神的一个体现，是在微观层面对常规生活的逾越和过度呈现，丰富了日常生活的层次性，展现了日常生活的重要性，在某种程度上拥有转化日常生活的潜能。隐私堪称是个人和社会系统中最为脆弱敏感的部分，在隐私消费中隐含着对真实、真相的追逐以及对主流媒体及官方话语的质疑，存在着对社会政治、经济、文化领域的参与路径，因此隐私消费堪称是对既有权力体系进行批判和冲击的某种策略和手段，通过对隐私的追踪获知隐藏在权力背后的真相，进而解构既有的政治、名人权力。而过度隐私消费的破坏力，尤其是对社会伦理的破坏力也是当前需要关注和深思的重要方面。例如过度隐私消费带来的琐屑化倾向，在对隐私的过度消费中陷入琐屑微观事务，过于重视私人事务、私人体验而忽略对公共事务和社会问题的关注；又如肉体化和欲望化倾向，在对隐私、身体的过度消费中，人的动物性会被聚焦和放大，身体被简化为肉体；还有其他价值观紊乱；等等。简言之，过度分享、过度发掘隐私必将引发道德失序并对日常生活造成威胁，进而带来对社会伦理关系的破坏，同时也存在着触犯法律法规的风险。

总体而言，隐私消费从诞生直至今日引发了诸多争议，媒介化的日常生活中隐私消费的合理合法性究竟如何，如何看待隐私消费对社会文化、伦理带来的深层影响，如何将隐私展示和窥视控制在法律、道德伦理许可的范围之列等，还有待于在把握隐私消费的特征和发展必然性的基础上，继续针对不同隐私消费人群、方式、内容和意图等进行细化研究。

第三节　利用隐私营利的商业机构

随着电子商务的勃兴，各种商业企业已经成为 IT 时代威胁个人隐私的重要源头。对个人来说，隐私是有关于其个人身份和独立性的精神财产，而在各色商业企业的眼中，他人的隐私更多的是一种物质财产，通过可以买卖、发送定制广告带来的经济价值。这些商业企业通过消费者的电子邮件、注册网站、在线广告点击、特色软件植入等渠道搜集关于消费者的基本个人信息或者喜好偏向，或贩卖、或为广告主提供定制广告服务以实现盈利目的。其威胁个人隐私的方式主要有以下几种。

一、个人信息交易

表面上看，充斥于网络中的都是碎片化的个人信息，用户似乎无须惧怕。但是，专业公司对个人信息进行的后台处理却不能预见，可以说，用户并不会想到那些公司会拿这些碎片化的个人信息做什么。这些公司最常见的做法是，将零散的个人信息收集整理，加工成关于一个人近乎完整的"侧面像"。互联网技术的这一处理过程与强大的信息收集功能和存储海量信息的数据库有密切关系。

互联网促进了信息收集的强度。个人使用互联网留下的数码痕迹，即众所周知的交易数据，是反映消费者商业习惯的丰富信息源泉。个人电脑的互联网协议地址（IP 地址）包含着用户的交易数据、点击数据，或者鼠标点击处，使用的浏览器、电脑类型，该用户在访问该网址之前访问的什么内容，等等。这些数据或许不足以识别具体的个人，但它们却可以在互联网的各个点被捕捉，并且极有可能被再次使用和披露。伴随着在购物或注册活动中主动披露信息而来的是提供了个人活动的"侧面像"。当这些信息被收集起来时，这一数码指纹就能披露一个人生活的蓝图。

当个人几乎在每一个活动中都留下数码痕迹时，可能原本设定的监督在更大的意义上便成了一种"数据挖掘"，而不再是单纯的监视和监督。大体上说，数据挖掘是综合碎片式的个人信息然后推断出一个具体的个人的侧面像，便于广告投放或其他目的。一个人的侧面像可能包括关于以下属性的信息：姓名（假名），年龄（生日），职业，社会阶层或经济地位，定位（电话号码、电子邮箱账号），种族，性别，车的型号，孩子或孩子的数量，与宠物、音乐和电影喜好有关的信息，政治观点或者所属政党，志愿活动，嗜好，兴趣爱好和购物习惯。一个具体的侧面像从表面来看，像是从对"我"的身份没有任何意味的一团团信息中提炼出来的，当这些信息被整合起来时便能知晓关于"我"的一些事情，但是如果没有这个整合的模型，便只能知道关于"我"生活的某些方面的无关紧要的信息。例如，某些网站要求新注册用户在申请注册过程中填写个人的某些基本信息，真实姓名、出生年月、身份证号码、性别、职业等，服务器会再对这样的信息进行整理挖掘，之后形成数据库。

除了遗留在互联网上的冲浪痕迹之外，通过信用卡、储蓄卡、购物卡等各种方式产生的"信息溪流"每天都会流入电子记录器中，它们被筛选、分类、重新安排，并且以数百种不同方式整合。专业公司正是通过这些构建个人档案的数据库，积累关于一个人的种族、性别、收入、兴趣和购物的信息。由于个人生活和活动的各个细节都被各种记录所捕捉，因此创建覆盖一个人的生活的电子画像变得不再是什么难事。

关系数据库的出现使得各个数据库之间可以实现资源共享，数据库之间的资源共享导致的结果就是全面获取关于一个人的个人信息更加便利。关系数据库已经在它们的结构中内置了与其他数据库结合的能力，它们形成了巨大的信息储量，几乎把社会中每一个个体构建成了一个对象，并且原则上几乎能够包括该个体的所有信息，如信用评定数据、服役记录、人口普查资料、教育经历、电话记录等。

二、无意的信息泄露

随着技术的发展，被泄露的资料越来越详尽，包括姓名、生日、电话、住址、邮箱和身份证号码等。网站所掌握的海量用户资料，最终可能会成为黑客的盘中餐，引发一场史无前例的网络安全危机。被泄露的个人信息，也有可能被不良商家利用，从事电话营销，发送广告邮件，更可能导致账号被盗用、隐私权被侵犯、电话诈骗等难以预料的恶劣后果，带来难以想象的安全危机。

在这种类型中，商业企业并非故意出售个人信息，只是由于安全保障措施不到位导致个人信息泄露，而且这种状况不是个别现象，在任何网站，只要网络用户键入自己的个人信息，之后这些个人信息基本上就不为自己所控，成为网站的盘中餐，是否会被泄露基本取决于这些网站的安全保障措施是否到位。

三、商业定制化服务

之前微信朋友圈流行一个轮盘，只要填写真实姓名等信息就能看到自己的来世今生。这听起来不可思议的测试游戏引起了众多微信用户的参与。结果，做完测试的第二天，用户就接到各种推销电话，他们这才知道上当了。微信朋友圈中这些所谓的测试网页其实是有某种后台服务器的。点开页面，写下姓名之前，用户的姓名和微信号就已经在他们的数据库里面关联好了。接下来，数据库的控制者推进一个测试手机号码吉凶的测试，他们就可以获取用户的手机号码，通过手机号搜索用户的微信号，甚至那些与该手机号关联的 QQ 号、邮箱地址也都被数据库的控制者获取。最后，庞大的数据库通过不断累积，就能知道用户点开过什么样的转帖，进而知道用户对哪方面内容感兴趣。

在这两种情境中，购物者和微信用户丧失了对自己的可接触途径，比如邮箱或手机号码的控制，同时也丧失了对自己的喜好偏向的控制。这两个案例展示了个人隐私与交易、市场自由之间的矛盾。

交易消费者信息有好处。如果卖主知道消费者喜欢什么，他们就更容易为其提供想要的商品和服务。消费者信息交易降低了搜索成本，使得消费者和销售者更容易找到彼此，创造交易，进而提高市场的效率。

但是，任由商业企业自由地掌握和控制他人的消费喜好这类行为是对信息隐私的侵犯。如果买主能够买到消费者喜欢什么的信息，这将是对消费者隐私权的严重侵害。对他们来说，这将不仅仅是市场效率的问题。消费者需要的不仅仅是信用好、性价比高的商品和服务，他们需要控制自己的喜好，这是关乎个人尊严和人格的大事。一个人的财政状况是关于其人格特征的信息，每个人对此必须拥有控制权，就像对自己的形象具有控制权一样。

面对企业强大的信息收集能力，个人显得无力又脆弱。消费者认为他们的经济交易是私人的，是一种隐私，但是，进行网上销售的零售商把他们积累的客户资料视为自己的财产，且视为一种有价资产——这些资料是他们从销售中获得的副产品，这种副产品甚至比出售商品本身更具价值。通过将其纳入网络数据库并与其他的数据库连接，关于顾客的各类信息便实现了从一个摊贩到另一个摊贩的转移和共享。比如，顾客在商场购物，在结账的时候，收银员扫描这些商品的条形码，屏幕上立刻会出现其名字及价格，最后，顾客购买的所有商品的类目就展示出来了。这样一来，售卖商不仅知道顾客这次买了什么，还知道他以前买过什么。这次购物的信息会累积到超市的数据库中，记录该顾客所有购物类目。这也意味着商场大致掌握着该顾客的购物习惯，如知道其喜欢什么牌子的大米、什么种类的蔬菜等。

通过积累众多顾客的购物习惯和类目，商场就能通过数据挖掘整理出客源的大致购物倾向，为后续的促销活动或调整库存做准备。这是企业组织通过数据库获取的最具价值的副产品。在这种情况下，企业组织是通过暗自收集的方式将消费者的私人购物信息转变为公共数据的一部分。而在有些情况下，消费者无意之中会协助越来越多的经济交易数据进入网络数据库当中。信用卡消费自然是极好的例证。按照传统的理解，消费者购买商品是出于理性选择的私人行为。可是，当信用卡从钱包或手袋中拿出来交给店员结账时，这种私人行为就已经变成了公共记录的一部分。一个人的个人选择受到强加于人的监视，但借助受监视个体的自愿参与，这种监视就变成了一种话语现实。在此情形中，权力与话语作用被独特地构型了，被监视者提供了监视所必需的信息。

商业网站是个人获取便利服务不可或缺的手段，网络购物、休闲娱乐、工作已经成为个人生活的一部分，为了获取各类商业网站为个人工作及生活服务带来的便利，网络用户经常会大方地提供个人信息，虽然明知会有被垃圾短信骚扰的可能。网络已经深入个人生活的方方面面，有时为了便利，提供个人信息是不得已而为之的无奈之举。因此，"隐私悖论"不仅仅存在于各类社交网站张贴个人信息的网络用户身上，也体现在那些为获取网络服务而提供个人信息的商业服务网络用户身上。

第四节　隐私权侵犯的主体——个人

除了传统的政府部门、大众媒体，以及随着电子商务而兴起的商业企业对个人的隐私权侵犯之外，生活在每个人身边的陌生人现在也完全有可能成为新技术环境下威胁他人隐私权的来源。

一、威胁隐私权的新主体

在互联网环境下，除了具有超级监管和观察能力的政府和商业企业之外，生活在每个人身边的不具名的陌生人也成了威胁隐私权的敌人之一。他们携带着随时记录和散布信息的移动互联网终端，能随时随地拍下陌生人的百态，然后将它们共享给全世界的每一个人。

二、个人成为威胁主体的原因

新媒体赋予每个网民自由表达权的同时，也赋予了他们侵犯他人隐私权的可能性。

(一) 生产和公开信息的便利

在互联网环境下，之所以个人能够成为威胁他人隐私权的因素，在很大程度上是因为个人生产信息的便利。

智能手机的出现使得每个人只需要打开相机功能就能随时随地捕捉和记录发生在身边的事件，而且不必考虑失真的问题。移动网络的全面覆盖，使得当事人可以瞬间将信息发送至互联网。各种社交平台的出现，则使得信息共享成为常态。有些人每日张贴新的照片，疯狂记录他们生活的每一面。如此一来，一个普通人只需要配备一部可以拍照和上网的智能手机，拥有一个社交网站的个人账号，就可以瞬间向全世界共享其所记录的信息。在这样的背景下，每个普通人的角色已经不再是"业余狗仔队",而是变成了一个超级通讯社、电台或者电视台。也正是这样的信息生产和公开能力,使得普通的每个人都可能成为侵害他人隐私权的元凶。

互联网生产和公开信息的天然特性表明公开他人私人事务、私人信息、私人照片已经不再是传统媒体的专利和独门技巧。现在,每一个网络用户都可以利用互联网技术公开展示自己生产信息、公开信息的强大能力,也正是在这一技术背景下,个人通过公开信息侵犯他人隐私权也成为可能。

（二）信息链接易得

除了生产和公开信息的便利之外,网上信息链接的易得性也使得每一个个体都具有成为威胁他人隐私权来源的潜力和可能性。

现实生活中,许多人都会认为他们的生活是在不受公众注视的私密状态下进行的,为了得到公众注意,需要积极采取一些常规之外的举动。但是,在互联网时代,事实正好相反。常态是个人信息能被轻易获得,而只有通过有目的性的活动才能获得隐私。之所以会出现这样的反差和对比,在很大程度上是因为网络信息的易得性,即各种网络信息链接的存在使得个人可以从各个节点接收来自四面八方的信息。因而,信息的跳转、知识的扩展变得触手可及。存储于各种社交平台的文字、照片、视频等可随意共享和移植,任何东西一旦被放到网络上,很容易会被复制并且广泛传播,用户就几乎完全丧失了对其踪迹的掌控。

三、个人侵犯隐私权的方式

（一）恶意或无意地披露

1. 恶意披露

恶意披露他人信息是不正当使用个人信息中最常见的情形,而通过互联网恶意披露他人隐私更容易,危害性也更大。首先,互联网具有隐蔽和匿名的特点,很多网民都是匿名上网。因此，有些人放松了对自己的道德要求，肆无忌惮、不负责任甚至是恶意地传播他人的隐私，别有用心地对他人进行人身攻击。其次，互联网用户众多，私人信息一旦遭恶意披露，将瞬间为不特定的多数人所知，对当事人造成无法估量的伤害。

2. 无意披露

除了恶意披露之外，另外一种可能侵犯其他人隐私权的行为是无意披露。虽然目前法学界对于隐私侵权应属于过错侵权还是无过错侵权尚有争议，但是随着网络时代的到来，智能手机、互联网带来的信息的普遍易得性使得伤害扩大成为可能，个人无意披露他人隐私的风险也在加大。在地铁站、公交车、火车站、机场、商场、公园等公共场合，随意把玩手机的邻座和身边人随时有可能将镜头对准你，拍照后将照片发布到网上。

在自我披露隐私案例中，体现的是对共同隐私的侵害与保护问题。所谓"共同隐私"是指"与个人隐私相并列的范畴，是指群体的私生活安宁不受群体之外的任何他人非法干扰，群体内部的私生活信息不受他人非法搜集、刺探和公开，即使是群体的成员或从前的群体成员公开共同私生活秘密也会受到若干原则的限制"。共同隐私与一般隐私最明显的区别是共同隐私是来源于两个或两个以上自然人之间的共同生活关系，而且，这种共同隐私形成以后，就独立地属于每一个共同生活关系中的自然人，成为每个自然人的各自隐私权的独立客体。即便这种共同隐私产生之时的当事人之间的关系，比如夫妻、朋友、合作伙伴已经终结，共同隐私也不会被消灭。一方当事人要公开这些共同隐私的内容依然要取得对方或几方当事人的同意。比如，出于报复，昔日男友常会将自己与前女友的亲密照上传至互联网。根据共同隐私的理论，这一行为已经侵犯了对方的隐私权，因为这些照片作为共同隐私的客体，只有在双方一致同意的情况下才能发表公开。

（二）表达自由与隐私权

社交网站的出现大大降低了言论表达的门槛，提升了网络用户的表达自由，这一因素使得个人隐私权经常处于被侵犯的境况，这二者之间该如何平衡呢？

1. 新媒体环境下表达自由的延伸

在个人侵犯隐私权的各种现象中，最突出的冲突是在个人的表达自由和他人隐私利益之间。表达自由是指公民有权通过口头、书面、电子等各种手段与设备发表个人信息和意见的自由。人们在互联网上也享有表达自由权，只要是合法的信息和言论，都可以通过互联网表达传播。互联网以其开放、多元、及时、互动性强的技术和环境特征，成为意见交流的最佳平台。除了高效和方便之外，互联网还从以下几方面拓展着网民的表达自由。

（1）表达主体的延伸。网络表达的低成本意味着参与人数大幅增加，毕竟我国其他民意表达渠道成本较高、运行不够畅通。互联网的普及改变了这一状况，虽然网络表达也要接受相关法律法规和政府规章的制约，但是这并不能抵消其对表达自由主体的大幅延伸效果。2010 年以来，微博已经成为深受中国网民欢迎并被广泛使用的一种网络新媒体。其低准入门槛能够包容各个年龄阶层、不同受教育程度及不同收入阶层的用户利用它发声。

（2）表达时空的延伸。只要连接到互联网，获取和发布信息将不受时空限制，网络用户可以在 24 小时之内的任何时间随心所欲地表达所思所想，而不必担心灵感或想法转瞬即逝。

2. 表达自由与隐私权的平衡

新媒体技术赋予了个人空前的表达自由，表达主体、表达内容和表达时空这三个方面从不同的角度扩展、延伸着网络用户的表达自由。与此相对，在隐私权保护这方面，新媒体环境展现出来的是全面沦陷。首先是各种机构通过各种各样的手段和搜集渠道将个人信息纳为自己的"盘中餐"。其次，每个陌生人都可能会随时拍下他人的百态上传分享。最后，个人的隐私意识似乎也更加薄弱，不间断地将自己的私密信息主动拿出来与他人分享。因此有人大胆断言：在新媒体环境中，隐私已经不复存在了。但是事实是这样吗？尤其是在个人行使表达自由的权利时对自己或他人隐私权造成的侵害越来越大的前提下，这能说明表达自由全面获胜，而隐私权全线溃败吗？

本书认为，这种说法不够准确。事实上，那些主动发布个人信息的行为不能说明个人隐私意识的薄弱，恰恰相反，当个人的隐私权遭到侵犯时，个人的隐私意识会被马上唤醒，而且个人会采取法律手段捍卫自己的隐私利益。

因此，虽然个人主动将信息发到网上，但是并不意味着他们放弃了这些信息中所包含的隐私利益，恰恰相反，一旦这些信息的可获得范围超出了其本有的预期，也就是自己的表达自由被他人滥用或者延伸，隐私主体就会马上意识到并且会尽力捍卫。

在这种情况下，平衡表达自由与隐私权之间的关系就不是能够轻易做到的。它需要综合考虑各种因素，包括动机、后果以及合理隐私期待等，否则将会导致一边倒的结果。而不管倒向哪一方，个人已经成为越来越重要的隐私侵犯主体。由于"隐私悖论"的存在，出于维系关系，管理个人形象，以及强化社会资本的需要，个人在明知存在滥用风险的情况下仍然在社交网站提供着个人生活的细节，而他人则出于"正义感"以及对狂欢的渴望肆意消费着他人的个人信息，这二者合力造就了网络信息时代个人成为隐私权侵犯的越来越重要的主体。

第四章 "人肉搜索"与侵权问题

"人肉搜索"是借助互联网技术在信息化社会中被频繁使用的一种搜索方式，是现代社会和现代科技飞速发展的产物，就其技术和实用性而言，无疑是信息时代的一个飞跃。

这一搜索功能通过广聚世界各地的网民的力量，利用谷歌、百度等网上搜索引擎，不断变换输入的关键词，从被查的人或事那里查找相关线索，每个遇到困难的人提出问题，而有这方面知识或者线索的人对其进行解答分析，采用问答式网民互动，利用网络广泛搜索。通过被查找人的 ID 地址及其在一些网络、网站上的注册痕迹，查出 IP 号，整合梳理综合信息，并进行逻辑分析，获取被查找人的真实身份及相关信息。这种通过人与人的沟通交流寻求答案的方式，填补了机器搜索引擎的搜查空白。"人肉搜索"具有两面性，它可以揭露社会上的不公现象、违法乱纪问题，也可以成为一些人伤害他人的利器。"人肉搜索"究竟是好是坏？如何规范使用这一方式呢？

第一节 "人肉搜索"概述

匿名性功能原本是互联网的一大特色。"在互联网上，没人知道你是一条狗"这一句网络笑话是 1993 年 7 月 5 日《纽约客》杂志刊登的一篇彼得·施泰纳创作的漫画标题。作者通过漫画中的小狗与同伴的对话，用幽默诙谐的方式凸显出网络匿名性的特征。如今由于搜索引擎的存在，网络匿名的优势顿时消失殆尽，网络上的隐私乃至于现实生活中的一切瞬间犹如一张薄纸，随时可能被有心人士戳破、予以揭露。近年来，由于社会问题层出不穷，互联网上的一个热门词——"人肉搜索"引发关注。"人肉搜索"不具有法律约束力，但它却有一种无形的力量，能影响事件的发展趋势。这个无形力量正是网络道德伦理，它有别于传统道德伦理，是以一种新形态的方式来展现其价值观。彼得·施泰纳的那句名言也变成："在'人肉搜索'下，他们会知道你是一条狗。"但任何事物都有两面性，在网络社会里，网友们运用"人肉搜索"的方式展现了人类互助的精神，但令人深思的是：这互助的基本理念中却有着矛盾存在，法律与人文关怀究竟孰重孰轻？是相互冲突还是兼容并存？

一、"人肉搜索"的含义

什么是"人肉搜索"？为什么很多人看见"人肉"二字就不寒而栗，认为难登大雅之堂？仔细研究会发现，其实"人肉搜索"只是一种搜索机制，一种变机器搜索为人工合力的搜索形式。"人肉搜索"的流行起源于猫扑网。猫扑网之前通行一种虚拟货币（MP），这种虚拟货币可以用来购买一些增值服务。有人需要解决问题时就在网上发帖并许诺一定数量的 MP 作为酬谢，其他用户用各种方式去寻找答案，并积极地回帖邀功，通过给别人答疑获得满足感和成就感，加上非常实际的 MP 奖励，很多用户对这项工作乐此不疲。在此制度的激励下，"人肉搜索"很快发展起来。

从最早的铜须门到美女虐猫事件，从姜某自杀引起的"人肉搜索"第一案到"烟照门"主角周某某下台，从悄无声息到徐州市立法禁止，"人肉搜索"找到每个事件的主角，对其还以颜色，同时也面临着法律的考验。当法律站出来的时候，证明事关重大，不再是小打小闹。那么，到底什么是"人肉搜索"呢？正如有一千个读者就有一千个哈姆雷特一样，不同的人对于"人肉搜索"的理解也会有不同的观点。

现在网络上比较一致的定义是："人肉搜索"就是利用现代信息科技，变传统的网络信息搜索为人找人、人问人、人碰人、人挤人、人挨人的关系型网络社区活动，变枯燥乏味的查询过程为"一人提问、八方回应"的人性化搜索体验。该定义将整个搜索过程比较形象地再现到读者眼前，但将定义的内涵和外延搞得太宽泛、冗长。

著名学者朱大可认为："人肉搜索"就是以无名氏的方式，藏在黑暗的数码丛林里，高举话语暴力的武器，阻击那些被设定为有罪的道德猎物。他客观地评价该定义，着重强调主观性、匿名性以及道德越轨因素，是一个比较人文的表述。

2008 年 9 月 1 日，《澳门日报》的社论明确提出：当前所谓的"人肉搜索"，更多的是由成千上万的网友自发、灵活、自由地参与某个话题或事件讨论与解答的搜索方式。该定义是一个比较中性、现象性的定义。

综合各家意见之长，本书所述之"人肉搜索"是指个人利用互联网搜索或提供相关信息的一种大型网络社区活动。

之所以在定义中明确提出"人"这个词语，是因为这种网上的社区活动与在百度或谷歌上搜索有明显的不同之处，该行为将传统的依托机器快速处理找到相关信息的搜索方式变为充分发挥人的主观能动性，通过成千上万的网友在合适的时间找到适合的答案。这样的变化是将枯燥的搜索活动变得更有人情味。不过正是由于过于主观，"人肉搜索"才会侵犯名誉权、肖像权、隐私权等。

二、"人肉搜索"的特点

同任何一种新生事物出现都会受到赞扬与质疑一样，"人肉搜索"也会受到来自各方面的推崇与批评。"人肉搜索"独特之处是什么？

（一）人性化

我们都知道搜索引擎给人们带来不少的便利。随便在谷歌、百度上搜索想要的信息，这些搜索引擎就能够在极短的时间内找到上万条相关信息。但是，这种搜索机制过于机械化，无效信息较多。从众多信息当中筛选出需要的信息既浪费时间又消耗精力。而"人肉搜索"改变了机械化的搜索方式，以一问一答的方式集众人之力，充分发挥网络的号召力和凝聚力。比如百度知道、搜搜问问、雅虎知识堂和天涯问答等社区均以"你问我答"的形式为有某些疑问的用户提供求助平台，又为有某项专业知识的用户提供助人为乐的渠道。

人们在提供信息时，也能体现其人性化。2008 年，"很黄很暴力"一语流行一时，人们对于在中央电视台的新闻节目中说出该语的 13 岁小学生张某某的"人肉搜索"能够点到为止，而没有进一步更粗暴地侵犯未成年人的合法权益。在"华南虎事件"中，包括普通网友和专家学者等在内的广大网民也表现出了极大的智慧和理性。这些都是人性化的体现。

（二）个性化

在"人肉搜索"过程中，网络用户的整个行为都带有浓重的个人色彩。在行为过程中，执行者、调控者、监督者，实际上都是网络用户自己。他们总是会根据自己的意愿决定采取什么样的行为。无论这个行为是否会对当事人造成伤害。

（三）自发性

或出于对现实生活的不满，或由于网络的匿名性，或因为搜索引擎的便捷，网络用户总是在互联网上自发地提供或者搜索某些信息。同时，整个过程还表现出大规模号召、众人响应、深层次挖掘、多角度曝光等类似于私家侦探的特点。

（四）交互性

其实，与传统媒体相比，网络本身就具备交互性，便是"人—机—人"之间一种迅速的反应。一问一答，再问再答，人与人之间能够利用网络数据处理的快速性及时找到答案。

（五）及时性

"人肉搜索"的及时性体现在搜索的实施者在"破案"过程中，只要有一段视频或一张照片被发布到网上，搜索引擎就会马上启动，数小时内，搜索的对象就会被曝光，甚至详细到他的家庭地址、工作单位、家庭成员等。

（六）侵害性

在现实生活中，尽管相关事件的当事人在一定程度上存在道德缺陷或违法嫌疑，然而众多网友联合起来曝光他人的真实身份甚至是隐私信息，对当事人的生活带来了负面影响，这种行为也严重侵害了个人的名誉权、肖像权，危及个人生活的安宁。

三、"人肉搜索"的传播和伦理道德问题

（一）"人肉搜索"的传播形成及特点

整个人类传播，若以传播的规模、范围为视角，可分为四种，即自我传播、人际传播、组织传播、大众传播。人际传播即个人与个人之间的传播活动，它把社会"黏合"成形，构成了人际关系的基础。人际传播的规模为至少两人，但下限明确，上限模糊，就是说，只要没有正式的组织参与其中，参加者再多也还是人际传播。大众传播是指职业化的传播机构利用机械化、电子化的技术手段向不特定的多数人传送信息的行为和过程。

具体到"人肉搜索"，启动搜索需要有人物、事件、现象等诱发因素，而想要引起广泛关注除了事件本身需要有吸引力以外，传播者在传播过程中的表达技巧也很重要，而且，大多数"人肉搜索"案例中见不到正式组织参与者的身影，多为网络用户自发组织、自愿参加，"人肉搜索"的起步阶段也只是在资深网络用户之间小范围传播，从这一点来讲，"人肉搜索"有人际传播的因素。"人肉搜索"发展到后期，相关信息和线索的传播和补充通常会逾越原有的领域，进入

更广阔的网络空间，波及更多虚拟社区和群体，比如 QQ 群、校友录等，有时候甚至跃出虚拟的世界，直接插入现实世界，最终使原信息得到最大限度的丰富和拓展，成为某些问题的解决途径，产生巨大的社会影响力，极大地拓展事件和当事人传播的时空范围。此时的"人肉搜索"就突破了人际传播的范围，呈现出一种近似大众传播的传播态势。

然而，不能笼统地把"人肉搜索"归入人际传播或者大众传播的范畴，"人肉搜索"的传播过程有着自身的特点，具体如下。

1. 传受高度一体化

在"人肉搜索"中，传受双方的界限不再那么泾渭分明。信息接收者和传播者在网络这一传播平台上渐渐融为一体，网友的身份可以在传播者、接收者之间自由转换。如在"虐猫"事件中，虐猫视频被曝光以后，"网络通缉令"随即启动，众多网友看完视频后愤慨不已，积极提供线索，由被动的信息接收者转换成主动的信息提供者；先前的传播者也在搜索的过程中不断接收新的信息，成为接收者。在就某个议题进行互动的过程中，每一个网络用户身份都在不停地变换，同时扮演着传播者和接收者的双重角色。在查看议题内容和进展情况的时候，他们是信息的接收者；而当他们掌握了相关信息，在网上公告给广大网友的时候，又是一个不折不扣的传播者。

2. 信息主体之间的交流是多向、多维的

"人肉搜索"不是以某种单一的传播方式进行的，它是由人际传播、组织传播、大众传播等几种方式传播的。它的议题通常由某个网络用户发起，然后在网络中传播扩散开来，有认同感和参与兴趣的网友反馈信息，而这些反馈信息又继续扩散。这是一个动态化的传播进程，它的运动轨迹是不固定的、曲折的，既有从点到面的传播过程，也有从面到点的回归过程，还有集群间的互动过程，所以它兼具了人际传播、组织传播和大众传播三种方式。

3. "意见领袖"作用明显

在"人肉搜索"中，信息的发布只是网络传播的开端，关键在于信息的流动。形象地说，为事件定性的信息是启动"人肉搜索"的号角。在对人物、事件、现象进行聚焦之后，就需要有一个人来吹响搜索的冲锋号，一旦讨论组里的网友对事件下了结论，剩下的事情就只是"一呼百应"了。

在这个过程中，"意见领袖"起到了非常关键的作用。在"人肉搜索"的群体中，"意见领袖"往往具有较强的综合分析能力、较强的信息挖掘能力和较高的群体认同感，是圈子里的活跃分子，熟悉相关问题并乐于接受和传播相关的信息。在一个议题形成后，他们积极地判断、思考，并把思考、发现的成果传播出去，甚至在议题探讨中起到了引导群组内部舆论方向的作用，成为"人肉搜索"群体中的言论精英和权威，很多网民都不知不觉间成了其追随者。可以说，在"人肉搜索"中，是这些"意见领袖"加快了信息的传播速度、扩大了信息的影响力，推动了统一意见的形成，促进了"人肉搜索"的启动和发展。

4. 信息多元化

网友进行"人肉搜索"时发布的信息形式极为丰富，包括文本、音频、视频、图表等。检视搜索中公布的信息，我们不仅可以阅读到相关的文字材料，还有截图、录像、录音等。这种多元的信息形式是与网络本身的媒介性质相契合的，它融汇了纸质媒介和电子媒介的信息样式，形式上的多元化和信息链的打造使"人肉搜索"过程中的信息更显丰富、真实，特别是图片、音频、视频等元素的注入，极大提高了信息内容的形象性和真实感。而在具体的搜索事件当中，信息越真实、越生动形象，传播效果就越显著，受众就越容易被触动，进而参与到事件当中。

此外，"人肉搜索"中的信息流动是一个动态的过程，参与者不会仅仅满足于静态信息的提供和阅读，还会根据已有的蛛丝马迹不断地进行追踪，挖掘新的信息，从而完成"人肉搜索"的搜索过程。

（二）"人肉搜索"的伦理道德问题

从众多"人肉搜索"事件所造成的影响可以看出，其引发的伦理学问题，种类繁多，问题严重而尖锐，接下来主要从三个方面进行概括。

1. "人肉搜索"与道德审判动机

所谓的道德审判是相对于司法审判而言的。因为法律是道德的底线，许多违背了道德的事情却并不违法，这时就需要道德审判促使其回归道德底线。道德审判就是通过社会舆论、网络媒体等方式对一个人的品质和行为是否符合传统文化、社会生活习惯等道德规范进行评判，促使其在良知和道德的驱使下回归道德底线。

随着经济的快速发展和城市化进程的加快，中国社会正逐步演化成为"陌生人社会"。在"陌生人社会"中的人，对做了有悖道德的事而受到他人谴责的担心大大减少，致使在社会中频繁发生道德失范和诚信沦丧现象。而"人肉搜索"的出现使得一个人如果做了违背道德的事情并被曝光在网络上，瞬间就可能被成千上万的网络用户付诸道德审判，想要隐身于陌生人中继续逍遥已经不再可能。正所谓"我们生活在一个透明的社会里""社会中每个人所拥有的个人隐私正在消失""网络是个人隐私的终结者"，从这个意义上说，"人肉搜索"再次把社会从一个"陌生人社会"变成了一个庞大的"熟人社会"，部分还原了"熟人社会"的道德审判，同时也凸显了道德审判的利弊，反映出了"人肉搜索"的利与弊。

2. "人肉搜索"与耻感文化

耻感文化是海内外学者对我们东方文化的一种概括，且这个概括主要是针对儒家文化而作的，它是与西方的"罪感文化"相对应的。顾名思义，所谓"耻感文化"是一种注重廉耻的文化心态。"真正的耻感文化依靠外部的强制力来做善行……羞耻是对别人批评的反应。一个人感到羞耻，是因为他或者被公开讥笑、排斥或者自己感觉被讥笑，不管是哪一种，羞耻感都是一种有效的强制力。但是，羞耻感要求有外人在场，至少要感觉到有外人在场。"它的特征是在这种文化中的人们都非常在乎别人怎么说、怎么看、怎么议论，因此其行为会被诸多的外在社会因素和标准规范所制约及支配，即具有耻感文化特征的人们大多由别人左右着自己的行为，大多缺乏自己的个性主张，大多抱有一种随大流、少数服从多数的心态。中国人大多很注重廉耻，中国的耻感文化是儒家文化数千年来积淀的结果。在中国这样盛行耻感文化社会中的人，一般都是按照心中的绝对道德来指引自己的行为的，在社会生活中一旦犯错，即使别人毫无察觉，他也会痛苦自责。耻感文化社会的人依照他人的观感和反应来行事，当被发现犯错时就会有羞耻感。个人的羞耻心，是耻感文化维持社会伦理的重要方式。

由于耻感文化的影响，我国的"人肉搜索"现象不可避免地会产生一些问题。隐匿在网络里的人们，各自按照自己心中的道德感行事，凭借自己认定的道德标准去评价他人或事件。而一些人一旦在"人肉搜索"过程中失去了理性的控制，造成了不良后果，出于自己的羞耻心，便不能较好地承认自己的错误以及承担责任。由于网络缺乏对参与者有效的约束机制，其本人无法正视自己的错误，所以"人肉搜索"在耻感文化社会下，更容易诱发一些棘手的社会伦理问题。

3. "人肉搜索"与自律

所谓"自律"，对公民个人而言是一种自我控制方式，是一种区别于政治控制、经济控制和法律控制的文化控制和道德控制。在虚拟的网络世界里，当网络用户需要对目的信息进行鉴别与处理时，就要先回答"我们应该怎样对待这个问题""我们为什么要这样对待此问题"等问题，而个人自觉的自律就成了规范和约束网络用户个人行为的最有效的手段，有利于形成健康的网络道德伦理。美国教授路易斯·爱尔文·戴伊认为，最困难的伦理两难境地产生于这样的情况：两种"正当"（或"正确"）的道德义务间起了冲突。这也就是说，当一种"不正当"或"不正确"的道德义务与另一种"正当"或"正确"的道德义务之间发生冲突的时候，对个人而言，能够比较容易地理性控制自己的行为。但是，当两种"正当"或"正确"的道德义务之间产生了冲突的时候，对个人的自律来讲就会变得困难许多。

因此，当网络用户面对"人肉搜索"行为的时候，一方面要求维护社会道德与公平正义，另一方面却又不得不把事件当事人的个人真实信息与资料公之于众，这就不可避免地触犯了另外一个"正当"或"正确"的道德义务——他人的私人领域受法律保护，不受非法侵犯。而对于那些参与"人肉搜索"行动的网络用户来说，往往他们的出发点都是好的，但是事件发展到最后却常常会产生许多偏激的观点。所以，对于规范"人肉搜索"行为，最重要的一方面就是要利用网络用户的个人自律来寻求两种"正当"或"正确"的道德义务之间的平衡点。毕竟，"人肉搜索"行为能够有效地对他人进行道德批判，但是却不能进行真正的道德审判。与此同时，网络用户作为参与网络活动的主体，也是日常社会生活的主体，因此，他们这种理性的自律不单单要体现在虚拟的网络世界中，也更应该体现在现实的社会生活之中。这是因为，只有在一个人人都能自律并且具备健全和完善的伦理道德价值体系的社会中，才不会出现需要发动"人肉搜索"行动才能解决的焦点事件，而这也正是我们所要追求和正在追求的终极目标。

四、"人肉搜索"应坚持的原则

基于群体复杂心理、"人肉搜索"的特点以及网络开放性环境的影响，网络时代极易出现不当的网络搜索行为。这种不当的搜索行为是在搜索过程中出现的，其中某种行为还会侵犯公民的个人隐私权、名誉权或是危害社会管理秩序。

不当"人肉搜索"行为，根据其侵害法益的程度，又可以划分为一般违法型和刑事犯罪型两种类别。一般违法型行为，即其不当行为涉嫌违法但是尚未达到犯罪程度。发起者或参与者在搜索过程中的不正当行为侵犯了他人的隐私或个人信息等合法权益，触犯了法律但是尚未达到犯罪的标准，此时可以由行政法或民法等前置性法律来规范指引当事人的行为。刑事犯罪型行为，即参与主体在搜索进程之中，严重侵犯了他人的隐私或个人信息等权利，在网络空间对被搜索者进行言语攻击，或是对被搜索者从网络舆论谴责发展到现实的私刑惩罚，此类不当行为危害性极大，必须运用刑法手段才有可能有效地调整规范其行为，保护被搜索者的合法权益不受侵害。

由此可见，不当"人肉搜索"行为可能带来严重的后果，因此进行"人肉搜索"时要坚持以下原则。

（一）无害原则

在"人肉搜索"原则中，无害是最基本的，也是最重要的原则，这是善的伦理底线。这种无害首先是对社会的无害，其次是对个人的无害，最重要的是不能侵害个人的基本权利。对于无害原则，美国哲学家理查德·A. 斯皮内洛的理解是，"无害原则对分析信息技术领域里出现的道德两难的困境是很有帮助的。根据这条最基本的道德原则，人们应当尽量避免给他人造成不必要的伤害"。如果连这条最基本的原则都无法满足，那么网络伦理则无从谈起。因为网络不道德的行为会直接给网络主体造成伤害，而网络信息传播的广泛性和快捷性的特点也会给网络主体带来很大的影响，所以网络主体有没有受到伤害是直接判断该搜索有无违背道德标准的基本原则。在人的自由与权利受到应有尊重的同时，绝不能过分膨胀个体的权利与自由，甚至只讲权利和自由而不讲义务与责任。网络深入人们的社会生活当中，让网络用户之间可以互相交流与沟通。如果网民任意发布信息，将会对网络主体造成伤害。有些极端的现象是某些网络成员为了自己的利益而不惜损害他人和网络的整体利益。他们是网络社会的害群之马，他们利用网络提供的便利在网络世界肆意横行，影响网络的正常运转。我们应该坚持任何行为都应把结果的无公害性作为最主要的评价尺度。无害原则是"人肉搜索"是否能继续走下去的底线，只有合理地进行"人肉搜索"，才能真正被大众所接受，才能在维护社会正义和弘扬传统道德之路上走得更远。

（二）知情同意原则

所谓"知情同意"，最初出现于医学领域，一般是指向受试者告知一项试验的各个方面情况后，受试者自愿确认其同意参加该项临床试验的过程，须以签名和注明日期的知情同意书作为文件证明。在哲学范畴，理查德·A. 斯皮内洛进一步阐释了"知情"和"同意"的关系，即"知情"是"同意"的前提，"要使得'同意'有意义，前提必须是某人对某事'知情'，即他知道即将发生的事件的准确信息并了解其后果"。斯皮内洛认为知情同意原则可以适用在与隐私信息相关的领域，其实如果具体到网络这个虚拟世界中，关于信息隐私和知识产权等知情同意原则同样可以发挥重要作用。此原则主要可以在以下几个方面起作用：

（1）网上信息的共享问题。有人认为信息是不应该被限制的，任何信息都应该被人们共享。另外一部分人却认为信息是有产权的，有些涉及信息资源的就应该被限制。

（2）用户信息的使用问题。网络上的一些服务网站或者点对点的服务机构，在为网络用户提供注册或者其他服务时往往会要求用户提供一些诸如个人联系方式、个人喜好以及消费倾向等涉及个人隐私的资料，但在用户不知情的情况下是否可以将这些资料信息提供给其他的服务商是很值得商榷的。

（3）电子监控的合法性问题。电子监控这些年的应用范围越来越广，除了一些公共场所外，很多单位也安装了电子监控设备，以方便公司的管理人员利用计算机手段对员工的生产工作情况进行跟踪、采集。其提高生产效率的本意并没有错，但在无意中却可能会侵犯企业员工的个人隐私权等合法权益，比如说有些管理者利用管理权限私自查看员工的电子邮件，或者是利用局域网的摄像头等设备监视员工具体工作情况，这些做法已经遭到了越来越多人的反对。以法国思想家卢梭的社会契约论观点来讲，平等健康的社会体系中秩序的形成，前提必须是绝大多数成员都要了解自己的权利和义务，并了解自己所做的选择将要产生何种后果，即社会公平正义和道德规范的存在绝对依赖于全体成员的参与。在这一观点下，要想让成员积极参与，首先要给予每位成员应有的尊重和保护，而利用知情同意原则便可以较好地达到这一目的。但是由于网络主体行为的特殊性，知情同意原则在网络中的应用不可生搬硬套现实社会中的经验，而是需要我们根据网络行为的特点，在逐步建立网络道德规范的同时，一步步创造出适用于网络社会的知情原则应用规律。具体到"人肉搜索"行为中，如果在此过程中，能对及时发布的信息有所了解，那么许多负面影响就可以避免，有些秘密隐私也将受到限制。我们只有在做到确定所获信息的真实性和完整性后，方可进行下一步的讨论。不可凭借主观臆断妄下结论，甚至带有过激行为和言论，是规范良好的网络舆论环境、稳定社会秩序、指引正确的舆论导向的关键所在。

（三）自组织原则

自 20 世纪 60 年代末开始逐渐建立并发展起来的自组织理论，是构成复杂性理论的一个重要内容，它揭示了复杂性系统特别是高度复杂系统如生命系统、社会系统的形成和发展机制问题。普里高津创立的耗散结构理论、哈肯创立的协同论、托姆创立的突变论为自组织理论提供了支撑。自组织理论认为：第一，在外部环境的干扰下，系统按照相互作用达成相互协调，自动地由无序变成有序结构，就是自组织，如物理世界中的结晶过程、生命和社会组织形成过程都是自组织过程；第二，非线性作用机制是主要特征，自组织系统的开放性、远离平衡态和涨落是系统自组织过程的前提；第三，自组织系统的开放性在于该系统与环境发生物质、能量和信息的交换，从环境中输入的不是决定事物内部结构和功能的具体指令，而是一种序参量，在此基础上，系统通过自主选择，从而逐步地形成有机的结构并形成其功能。

简要地说，开放的系统在远离平衡态的非线性区，通过与环境之间的物质交换、能量交换和信息交换，耗散负熵和引起超循环反馈，经过相变涨落或起伏，系统就从无序状态转化为有序的组织结构。

今天，网络已经发展成为一个相对独立的系统，它具有自己的结构和功能，通过系统内外的信息交换实现优化，但是，高度组织化的网络系统形成的所谓虚拟社会或虚拟世界更是一个开放的耗散结构系统，它不可能脱离现实社会而孤立存在，虚拟世界是以现实世界为基础的，它必须从现实世界中不断吸取更多、更新的信息流，在一定意义上，网络社会不过是现实社会的一个映象。因此，"人肉搜索"虽然要适应网络本身发展的特点，遵循其自组织性的网络管理，但是仍旧不能脱离现实社会，而是要遵从现实社会的伦理规范管理，从而实现健康的自组织性管理。"人肉搜索"虽处于虚拟网络空间，但已经成为现实社会中的一个要素，它除了要遵循自身的自组织原则外，也必定要遵循整体社会的自组织原则。

（四）人权与自由保障原则

网络社会为人们实现自由提供了一个广阔的公共空间，但是对其管理控制的缺乏却使得网络失范行为日益猖獗，造成对网络社会秩序与现实社会秩序的双重破坏。"人肉搜索"这一特殊的信息搜集工具的不合理运用具有极高的侵权可能性，它需要在法律的管控下去除其中不法的成分。网络用户是"人肉搜索"事件中的主要参与主体，法律的规制也应当将网络用户作为主要规制对象。在现实社会中，法律是公民人权与自由的"保护伞"，作为现实社会的延伸，网络社会的规章制度也应当以充分保障网络用户的人权与自由作为最基本的原则。互联网技术的强大优势为人类带来了海量的信息和广袤的表达空间，为人类对自由的追求带来了前所未有的机遇，我们应当以合理的方式维护公民的最大权益，保证环境的自由性。当然，不加约束的自由便是没有自由，我们也应该看到过度行使网络空间自由对人权的侵犯。如果一味高呼表达自由的崇高价值而忽视其对私人利益的践踏是对人权与自由的中伤，而因为互联网提高了侵犯个人权利的可能性就机械减少网络空间的自由度也是因噎废食。因此，在考虑对"人肉搜索"进行法律层面的管控时，要充分结合互联网的特点，在尊重、保障自由和人权这一原则的基础上进行合理的、必要的限制，尽量保持网络空间的自由与开放。

（五）利益衡量原则

利益衡量原则是一种价值选择和判断的指导原则，在对权利做出限制时，应当对比限制之后失去的利益与得到的利益，只有当得到的利益大于失去的利益时，限制才是应当的。"人肉搜索"中蕴含着强烈的权利冲突，因而在对该行为进行法律管控时，应当充分平衡利弊，划定权利行使的界限，为权利的行使配以对等的义务，以协调利益的冲突。"人肉搜索"主要被视作一种表达自由、监督权、知情权等积极性权利的行使方式。在网络这一开放的平台搜集并公布他人的个人信息和隐私内容，极易造成他人隐私泄露，其中包含的对被搜索对象的贬损性评价也可能侵犯他人名誉权。但我们不能以教条式标准将所有的"人肉搜索"事件都定性为因自由的过度行使侵犯他人合法权益。在对"人肉搜索"进行法律管控时，应当区分事件是否涉及公共利益以及被搜索对象的身份。当被搜索对象是国家公职人员时，且对该对象信息的搜索仅停留在个人品质、履职能力、公务行为、财产状况、婚姻状况等与其履职有关系的有关公共利益相关的信息时，应当保护公民通过"人肉搜索"的方式满足自己的知情权、监督权和参与权等。国家公职人员的这部分与职务履行相关的隐私利益应当让渡出来，以保障公民实现民主权利这一更优先、更值得保护的利益。当普通民众成为被搜索的对象且所涉事件与公共利益无关时，就不应当牺牲普通民众的隐私利益和名誉等个人人格利益去满足搜索参与者对自由利益的过度需求，此时隐私权、名誉权在利益衡量之下应当优先受到保护。国家公职人员与其公权力的行使无关的个人隐私信息，应当受到与私人生活领域对普通民众的个人利益同等的保护。

（六）隐私权、名誉权优先保护原则

当"人肉搜索"与隐私权、名誉权的冲突不涉及社会公共利益或所涉及的事件虽与公共利益相关但言论内容严重失实且具有侵权恶意可能的情况下，应当对这两种权利进行优先保护。这是基于互联网环境下隐私权、名誉权的基本权利形态自身的易受侵害性、侵害后果的严重性、权利救济的困难性三方面的考量。从权利形态来看，隐私权、名誉权更多呈现出消极被动的状态，前者是一种对私人领域和私人信息进行自我控制的防御性权利，后者是名誉不被侵犯的消极性权利。而表达自由权、知情权、监督权、评论权等关乎外化表达的权利行使需要权利人进行积极、主动的表达，是行为主体将主观思想、观点表达于外的输出和传播。与这些权利发生冲突时，隐私权和名誉权等偏防御型的消极权利就处于天然的劣势。从侵害后果的严重性来看，"人肉搜索"与隐私权、名誉权的权利冲突结果严重且持续。互联网永久记忆了一切发布在网络空间的内容，被暴露在这个空间中的个人隐私信息与消极评价不会像在现实社会中一样随着时间流逝热度逐渐退却被人们渐渐遗忘，它们将被永久储存在网络中，以供随时查阅。这种冲突后果是持续的，难以磨灭的。且受害人会因权利遭受侵害承受精神上和现实生活上的双重伤害，扰乱受害人的正常生活秩序和独处的安宁，甚至对有些个人来说是致命的打击。"人肉搜索"更多涉及与公共利益无关的私人言论，而私人表达自由的减损与隐私权、名誉权受侵害的后果相比要小很多。从权利救济的困难性来看，互联网的交互性和便捷性使信息的获取与传播更加轻而易举，这种信息自然也包括涉及个人隐私和消极性评价的信息；且互联网的匿名性一方面扩大了人格权所需要保护的内容和范围，另一方面也加大了寻求权利救济的难度。基于隐私权的以上特性，应当在针对"人肉搜索"进行法律管控时提高隐私权、名誉权保护的优先性。

第二节　"人肉搜索"侵权问题探讨

一、"人肉搜索"中的侵权行为

（一）侵权行为界定

本书将"人肉搜索"分为合法的、构成侵权的、构成犯罪的三种。

1. 合法的"人肉搜索"

这类搜索可以说从目的到内容都合乎法律的要求，不仅能稳定社会生活秩序，还能发挥舆论监督作用。例如：2008 年大地震后，大量灾民流离失所、无法联系，广大网民发挥网络的力量，自发在网络上搭建了"人肉搜索"救助平台，无偿帮助那些流离失所、骨肉分离的人寻找失散的亲人，这一举措在危难时期发挥的巨大力量，是很多现实手段所无法比拟的。这就说明，一种工具如果能被好好利用，它所起到的正向作用是无法想象的。所以，如果可以正面引导、合理管控所有"人肉搜索"，它们大都应属此类型。

2. 构成侵权的"人肉搜索"

这一类型在主观动机上是合乎道德和法律要求的，但是单就客观行为来看，该行为本身侵害了当事人受法律保护的合法权益并给其造成了实质性伤害，当符合构成要件时，就应承担相应的法律责任。但由于"人肉搜索"本身具有的特性使得这类案件相较一般侵权案件更具复杂性。下面是常见的几种侵权行为。

（1）名誉权侵权。名誉权是指自然人和法人、非法人组织就自身属性和价值在社会生活中获得的社会评价即名誉，依法享有的不可侵犯的权利。对名誉权的侵犯一般表现为侮辱和诽谤这两种形式。前者通过言语、行动贬损他人人格，毁坏他人名誉；后者通过捏造、散布虚假事实，使得被侵害人社会评价降低。

"人肉搜索"中侵害名誉权的行为与一般情形下的侵害区别并不明显，主要的区别就是发生的环境不同，前者主要发生在网络空间，后者发生在现实生活中。通常来讲，"人肉搜索"中侵害此种权利也表现为侮辱和诽谤。在"人肉搜索"中捏造散布虚假信息、对当事人进行侮辱性的评论，使当事人的社会评价降低并给当事人造成极大精神痛苦的行为都属于侵犯他人名誉权的行为。

（2）肖像权侵权。肖像权是指公民对自己肖像所享有的拥有、制作、使用的权利。对该种权利的侵害主要是指在未经当事人同意的情形下，擅自使用其肖像并给其人格利益造成损害的行为。

"人肉搜索"侵权行为中对肖像权的侵害表现为两种方式：一是主动"黑"进被搜索对象的个人网络相册，将其照片公布于众；二是侵权人利用与被搜索对象相熟的关系，将与其的合影或者其他照片公布于众的行为。前者是一种动机不纯的使用，后者是使用不当，这两种行为都会侵害到被搜索对象的肖像权并给当事人造成巨大的伤害。

（3）网络隐私权侵权。隐私权属于人格权的一种，它是文明发展到一定阶段之后，出于对暴露个人信息的恐惧和对私人空间的渴望而从人格权中分化出来的一种新型人格权。网络隐私权是隐私权在网络环境中的体现，两者不存在内容或者本质上的区别，它们之间的唯一区别在于发生环境不同，这也使得网络隐私权具有如下特征：

第一，网络隐私权更易被侵犯。网络技术的发展使得信息交流的时间和空间壁垒渐渐被打破。一方面，网络的便捷性、开放性使得人们更易获得想要的信息；另一方面，人们在享受网络便利的同时也更易泄露或被他人窃取个人信息。所以，在这种双向不利的状况里，隐私权的处境自是不言而喻。

第二，侵害主体不确定。在侵害传统隐私权的情形中，加害人多与被害人是熟人的关系，正因如此，加害人才了解被害人的相关隐私和个人信息。而在网络环境中情形却不一样，我们的隐私可能被任何人通过任何途径获悉，所以谁都可能是加害人，谁也有可能成为受害者。

第三，侵害对象多样。网络拓展了个人隐私的范围，邮箱、空间、IP 地址以及各种储存个人信息的网络空间都可能被涉及。

第四，侵害后果更加严重。在网络世界中，信息传递几乎无须成本，技术的发展又使得传播速度异常迅速，影响范围、覆盖面积扩张迅猛，这些都使得被害人的隐私可以被最大限度地传播，所以一旦隐私被泄露，影响范围总是异常宽广，加之网络世界信息一旦开始传递就难以阻断，事件的发展往往会愈演愈烈很难控制，给当事人造成无法想象的损害。

在"人肉搜索"整个过程中几乎处处可见对当事人隐私权的侵犯，如发起人发布涉及当事人隐私的信息、网民通过各种非法手段获知当事人隐私并在网上公布、其他网民跟帖转载使当事人的隐私被更大程度地传播等。

（4）个人信息权侵权。个人信息是与我们自身密切相关、体现个性特征并能与他人相区别的一切信息。个人信息权就是当事人对这类信息所享有的支配、控制并排他的权利。它到底应属于何种权利性质，长期以来学术界一直存在分歧，主要有两种观点，即"财产权说"和"人格权说"，本书比较赞同中国人民大学王利明教授的观点，即个人信息权是一种具体人格权，它的内容和可识别性的特征体现权利主体的人格利益。

"人肉搜索"侵犯该权利的主要表现为未经同意的搜集披露。其中包括互联网搜索个人信息并公布出来、熟人之间爆料、黑客"黑"入账号获取信息资料再爆料。除此之外，还存在有权掌握个人信息的相关机构、组织披露当事人信息的情形，"福建房嫂"事件中，"房嫂"的个人信息就是被一名房产交易中心的登记人员泄露的。

3. 构成犯罪的"人肉搜索"

有人曾建议将"人肉搜索"入刑，此言一出立即引来了各方"炮轰"。虽然理论界对"人肉搜索"行为进行刑法管控的可行性因众多障碍而争议不断，但因现有的民事侵权机制仍不能合理控制"人肉搜索"侵权行为的局面以及该行为带来的严重的社会危害性，使其具有了刑法管控的必要性。

首先，面对形式日益多样化且具有严重社会危害性的"人肉搜索"行为，现有的民事侵权机制以及行政法律已经无法合理管控该行为。例如，在 2017 年的"IT 男苏某某之死"事件中，其前妻翟某某被认为是导致苏某某自杀的直接原因，经过"人肉搜索"，她的各项个人信息被公布在网络上。在这次事件中，多益网络的创始人徐某宣布成立 2000 万元人民币的法律基金，作为因人肉翟某某而担上法律责任的人的赔偿金。翟某某的个人信息、隐私、名誉都受到了严重侵犯。对此事件，众人会认为利用民事侵权机制或行政手段加以管控即可。但是，面对有人愿意出高额的金钱为担上法律责任的人承担赔偿责任时，即便在采取民事手段和行政手段加以严惩的情况下，"人肉搜索"行为仍无法达到被合理管控的效果。当民事侵权机制和行政法领域无法有效管控"人肉搜索"行为时，动用刑法来管控"人肉搜索"行为具有了现实的必要性。

其次，以我国目前的立法现状来看，当"人肉搜索"行为造成严重后果，即延伸到侮辱罪、诽谤罪以及侵犯公民个人信息罪领域时，仅靠现有的民事手段和行政手段仍无法达到该有的效果，此时需要使用刑法来管控"人肉搜索"行为中出现的侮辱、诽谤以及侵犯公民个人信息的行为。

再次，当"人肉搜索"行为延伸至犯罪领域，即造成侵犯公民个人信息罪的严重后果时，其对法益的侵犯是个极其复杂的过程。第一，该行为中信息的获取方式较为广泛，不仅包括提供或出售，还包括对信息非法搜集、非法使用、使用网络虚拟财产进行交换、悬赏等方式。第二，信息分享不再是在特定主体之间简单的资源分享，而是众多不特定的主体向搜索行为的发起者提供被搜索对象的个人信息，最终，搜索行为的发起者将通过多种渠道获取的信息进行整合并将其泄露在互联网上的过程。在此过程中，个人信息不再是单个具有身份识别价值的个人信息，也不再是单个具有财产属性的信息，而是在信息提供过程中整合而成的具有竞合性的个人信息。第三，在"人肉搜索"过程中，由于互联网信息传播的快捷性，信息的传播可能演变为病毒性扩散，该信息是否被用于犯罪活动或者被人恶意使用难以有效预估，对个人信息安全造成的潜在危险也难以有效评估。综合以上三点，"人肉搜索"行为对个人信息的侵犯，比一般个人信息侵犯具有了更大的社会危害性，从刑法举轻以明重原则角度考虑，对"人肉搜索"行为的刑法规制具有其合理性。

最后，如果这些个人信息被不法的"人肉搜索"团伙所利用，就为该团伙的犯罪提供了广阔的发展空间以及丰富的资源。2017 年 3 月在湖北省枣阳市发生一起刑事案件，四个犯罪嫌疑人开设了一家公司，组建了"人肉搜索"团队，专门从事公民个人信息交易活动。该团队在接到订单后会与贩卖公民个人信息的信息贩子联络，获取相应的信息，再将获取的信息提供给"人肉搜索"网站，其中包括手机定位、住宿轨迹、银行征信、财产状况等，以此收取查询服务费。被查获时，该"人肉搜索"团队已购买公民个人信息 1500 余条，非法获利 13 万元。该团队是以"人肉搜索"网站作为其获利的媒介，实施侵犯公民个人信息权的行为，由此可见，"人肉搜索"网站为该团队的发展壮大提供了空间。若不对"人肉搜索"行为加以严惩，用刑法规制，类似的"人肉搜索"团队就会在民法和行政法不能管控以及未被刑法所规定的领域趁机钻空子，延伸至犯罪领域。当"人肉搜索"团队非法搜集公民在互联网社交平台上无意散布的个人信息，与商家形成一个非法提供与购买的利益链时，"人肉搜索"行为就会成为侵犯公民个人信息的隐形工具。

综上，从刑法谦抑性原则角度出发，该行为严重的社会危害性已经不能被现有法律管控，因此必须用刑法来管控，且不会与刑法谦抑性原则相冲突。从刑法的目的和功能考虑，当"人肉搜索"行为已经符合了相关刑事犯罪的构成要件时，必然需要承担相应刑事责任，这点没有争议。

二、侵权行为的表现

第一，"人肉搜索"侵权行为主体具有广泛性。前文讲到过，要想完成"人肉搜索",通常需要成百上千网民积极参与其中,包括最初的发帖人、后续线索的持续提供者、跟帖声援并开展深入调查的人、向网络平台回传信息的人等。在这一行为过程中,无论是最初的发帖人还是后续信息提供者,无论是利用信息反作用于现实生活对他人进行人身攻击或骚扰的行为人,还是网络服务提供者,都有可能构成侵权。

第二,"人肉搜索"侵权行为侵犯的权利客体具有多样性。这一行为可能以不同于以往的方式来表现,但是对被搜索对象权利的侵害主要表现在:一是擅自公开当事人的个人信息及相关隐私;二是在互联网上发表针对当事人的具有侮辱、诽谤性质和贬损其人格尊严的言论;三是反作用于现实生活,对当事人及其身边人的正常生活造成干扰。所以,侵权行为对当事人合法权益的侵害必然不是单一的,它主要表现为对具体人格权的侵害,有时也表现为对物质利益的侵害。

第三,"人肉搜索"侵权行为在责任认定上存在困难。这主要体现在两个方面:一方面,因为"人肉搜索"侵权纠纷长期处于无法可循的尴尬境地,所以在司法实践中没有相关判例可供借鉴;另一方面,侵权行为发生在互联网背景下,网络本身的虚拟性、网民行为的匿名性、信息传递的瞬时性都无疑增大了调查、取证的难度。

第四,"人肉搜索"侵权行为所造成的损害性后果巨大且难以确定。在网络空间这一特殊背景下,由于网络传播速度快、传播力强,再加上网民对此类事件的高度关注,"人肉搜索"侵权行为往往会在网络世界引起轩然大波。侵权行为本身规模就很大,所产生的影响力和后果不言而喻,再加上大多侵犯的是当事人的人格权利,所以损害结果往往难以计量、不易确定。

三、"人肉搜索"的法律规制

"人肉搜索"的规制问题是两种公民基本权利的冲突,即隐私权与言论自由权的冲突。如果说隐私权注重的是人类生活"私"的一面,那么言论自由权注重的则是人类生活"公"的一面。两者在"人肉搜索"问题上的冲突在另一种意义上乃是"私"权利与"公"权利的冲突。而在目前的中国法律和社会舆论当中，"公"与"私"的界定在不同类型的"人肉搜索"中出现了一定的既有模式。言论自由如同隐私权一样，至多也是一种基本权而已，它是否能够名正言顺地去侵害他人的权利呢？若以天平的两端来看，或许我们会以为，公众"知的权利"是和言论自由被放置在天平的同一端。或者说，网络用户的表达自由是去代替公众行使他们"知的权利"。这是否就代表此端具有比较足够的重量呢？然而，检视天平的彼端，除了隐私权外，也可能伴随有名誉、公共利益（公序良俗）、刑法所要保护的法益。如此加以衡量，恐怕答案就不是那么显而易见或理所当然了。

（一）言论自由与隐私权之间的权衡

当两项基本权利发生冲突时，如何能予以适当调和，尽可能维持两者之间的平衡，既不过度维护一种基本权利，也不过度偏废另一种基本权利，确实是一项权衡的难题。在权衡时，最高的指导原则（又称最受保护的平衡原则或最好的调和原则）自然是在"不受丝毫损伤"的情况下，调和基本权利彼此之间的矛盾，而非一开始就预先排除或牺牲某一个基本权利。如果无法达成这项目的，退而求其次的选择才是在审酌案件的类型及个案的特殊环境下，判断其中某一个基本权利必须让步。个人的基本权利遭受侵犯时该如何主张呢？对于这个问题，有人认为基本权利只能对国家而不能向私人主张，有人认为可以直接向侵犯其基本权利的私人主张。而法院在判断时，又该以什么样的标准衡量？学说上有诸多不同看法。有人主张将基本权利的位阶秩序作为取舍标准，也有人主张根据具体个案做出法益衡量。

1. 德国的基本权利位阶理论

当基本权利发生冲突时，是否可以考虑其在宪法上的位阶性而加以权衡？宪法所保障的基本权利，是否有所谓位阶性或优先性的存在？德国贝特格教授以宗教仪式的列队行进和交通用路人之间发生的自由权利冲突为例，认为在这样的案例中，一方主张的是《德国基本法》第四条第一项的宗教信仰自由，另一方运用的则是《德国基本法》第二条第一项的人格权，这里指的是交通用路人的行动权。在二者发生冲突时，必须通过位阶秩序来加以调解。无保留的基本权利并非就应该得到一个绝对的效力优先级。这是因为，基本权利的位阶秩序并非僵化且一成不变的。

以《德国基本法》为例，德国将人性尊严视为最优先考虑的特别价值。而对基本权利的限制，《德国基本法》又将其分为《德国基本法》条文中有限制规定的宪法直接限制，或由宪法授权以法律进行限制的宪法间接限制，以及《德国基本法》条文未作直接或间接限制而以所谓的宪法内部限制予以限制三种。

因此，未授权法律限制的基本权利，在位阶秩序上比《德国基本法》直接或间接授权法律规定的基本权利要更高。但是在美国，无论从宪法文义上还是权利本质上，各种基本权利之间并没有位阶次序上的区别。法院在审查与基本权利有关的问题时，经常有宽严不一的标尺，这是由权利本身的特性以及所涉事物领域的不同所决定的，而不是不同权利之间具有"本质上"的位阶次序导致的。

2. 衡量法则理论

在探究基本权利冲突的衡量理论之前，必须先对基本权利条款的性质有一个大概的认识。由于基本权利条款也属一种规范，那么究竟基本权利的条款是一种规则还是一种原则？其间的差别在于，当一个规则有效时，它所需要的是精确且严格依照其要求去做。因此，规则包含了在事实和法律上可能范围的确定。或者说，规则是在满足特定的前提条件下，确定的命令、禁止、许可或确定的授权做某事的规范。因而，规则可以简称为"确定的命令"。如果基本权利条款是一种规则，那么宪法规定的"公民享有言论自由"，应该是一个具有确定性的要求。只要满足构成要件（符合保护领域的范围），即可拥有言论自由、新闻自由。但从基本权利的开放性而言，它应该要包容对立（包括冲突利益的对立），所以并非直接具有"确定的命令"特征。

德国学者阿列克西认为，当规则间发生冲突时，仅能有两种解决方法：一种是插入一个例外条款，在规则中排除冲突；另一种是至少宣告其中一个规则无效。比如在下课铃响前禁止离开教室，和在火警发出时命令离开教室两者之间，当铃声还没有响，但火警发出时，这两个规则会相互矛盾。应对这个冲突只有两种对策：一是将火警发生的情况在上述规则中当作例外条款插入；二是如果前一种解决方式不可能的话，那就必须宣告其中一个规则无效，至于如何判断哪一项规则无效，可以通过"后法优于前法""特别法优于一般法"的原则进行判断，也可以依据冲突规则的重要性来进行判断。

原则是最合理的命令。它的特征是可以以不同程度的方式履行。另外，履行的程度不仅取决于事实上的可能性，也取决于法律上的可能性。这意味着，规则和原则的区别是一种质的差别，而不是程度上的差别。基本权利有时会跟政治目标或者与基本权利发生冲突，因此，基本权利在适用上往往具有衡量能力，或者往往必须加以衡量。

它的保障是或多或少地以不同的程度加以满足，所以它并非一种"确定的命令"，而是两种原则之间的冲突，完全不同于规则之间发生冲突的解决方式。当两个原则发生冲突时，比如某事依照一个原则是禁止，但依照另一个原则是允许时，则这两个原则中的一个就必须退居到次要地位。意思是，既不是把退居次位的原则宣告无效，也不是把一个例外条款插进此退居次位的原则之中。如果是在特定情况或条件下，一个原则优先于其他原则，但在其他情况或条件下，这个优先地位可能被翻转。也就是说，原则在具体案件中有不同的重要性，而有较高重要性的原则优先。

换言之，这是一种有条件的优先关系。那有没有无条件的优先关系（或称为抽象或绝对优先关系）存在？法院通常会以"没有事物是比其他事物绝对享受优先地位"的原理，排除无条件优先关系的假设。除了人性尊严的原则外，这也普遍适用于宪法的原则冲突。因此，就只剩下有条件的优先关系（也可以说是具体或相对的优先关系）。而关键的问题是，在什么条件下哪一个原则优先，而哪一个原则要让步。这项优先条件在基本权利衡量的案例中应该由法院加以说明。依照法院的说法，它要看在具体个案中，被告的权益是否明显比国家措施要保护的权益还要重要。而这样的权益和重要性是无法量化的。

由于宪法中的各种基本权利并没有特定权利必然优先于另外一种权利的抽象位阶关系存在，故在发生基本权利冲突时，就必须而且也只能通过进一步的价值衡量来探求超越宪法对个别基本权利保护要求的整体价值秩序。在此问题上，立法者应有"优先权限"并采取适当手段，在衡量特定社会冲突中的各种权利比重的基础上，决定其实现的先后顺序。而宪法解释机关的职权则在于通过比例原则等价值衡量方法，审查现行规范是否能够针对相冲突的基本权利，依其在宪法价值上的重要性，与因法律规定而可能有的限制程度做出适当的衡量，而不至于过分限制或忽略了某一项基本权利。在个案适用法律时，行政或司法机关也应当具体衡量案件中法律想要保护的法益与相对的基本权利限制，据以决定法律的解释适用范围，追求个案中相冲突基本权利间的最适调和。

基本权利间是否存有位阶关系，学者们的见解或有不同。但既然宪法并未明白表示各基本权利间的位阶次序，那么本书也主张对各项基本权利都应给予同等的保障，故并不支持有所谓的优位关系存在的看法。因而在遇到基本权利冲突的情况时，自然就是针对个案做出进一步的价值衡量，以最适当的调和原则，尽可能地提供各基本权利间最大的保障。不过，即使这已是学界和实务的通说，也不免会碰到一些棘手的问题，因为即使采用价值或法益比重衡量，仍然是在"称重"。但这些权利或法益的重量，并非可以轻易地做出量化评价。那么，法益衡量是不是还能称得上是一种方法呢？是否法官根本没有任何原则做后盾，而只是依其自定的标准做出判决呢？倘若如此，那对于审判中时常可见的"个案衡量"

即无从控制，最终仍将是法官依照自己的主观见解来判决。

由此可见，"人肉搜索"所牵涉的两项基本权利——言论自由和隐私权受宪法保障的地位究竟如何。当两者发生冲突时，应当是先把两者放在同一个天平上，进而再去权衡各自是否存在有其他的限制条件而加减砝码。

（二）建立适合我国国情的"人肉搜索"法律体系

"人肉搜索"归根结底还是网络隐私权保护范畴中的问题。而我国对隐私权的研究起步较晚，由于历史、传统文化、生活方式及经济发展状况等因素的影响，我国公民的隐私权意识普遍淡薄，目前，我国的法律尚未明确规定隐私权成为独立的民事权利，当事人的隐私权若被侵犯，在审判实践中通常是以侵害名誉权为由提起诉讼。随着"人肉搜索"的出现，网络隐私权的保护对我们来说成为一个亟待解决的问题，而对"人肉搜索"是否进行法律管控也值得我们去探析。

1. 对"人肉搜索"进行法律管控的必要性

"人肉搜索"自出现以来就一直游走在法律和道德之间。事实上，随着"人肉搜索"的日渐强大，它不可避免地触及侵犯个人隐私权的问题。而我国对网络隐私权保护手段的匮乏也给了"人肉搜索"侵权的可乘之机。"人肉搜索"是否要管，该怎么管，自然成为当前社会关注的焦点，也是大众讨论的重点问题。原暨南大学新闻与传播学院教授、网络传播专家董天策表示："人肉搜索"存在积极的一面，例如曝光一些腐败、造假等的不良社会行为，推动社会的发展；同时，也有不理性的一面，过度暴露个人隐私，侵害了他人的隐私权，甚至对他人的日常生活、工作造成干扰。

关于"人肉搜索"，有些观点表示应该进行法律管控，有些观点则认为仅需通过政府部门等实施正面引导，提高网络用户的素质，让网络用户懂得如何用理性的方式表达对社会不道德行为的谴责即可。

但是，单纯的道德指引并不能真正保护网络隐私权和预防"人肉搜索"可能引发的网络暴力，因为社会大众并不一定真正懂得如何去保护个人隐私，因此，很可能在不经意间就被网络上的一些不法分子利用。而在"人肉搜索"过程中充斥着大量的曝光隐私、肆意辱骂、斗殴等行为，这一切使得"人肉搜索"过程具有刺激性、吸引性，也因此让更多网络用户参与其中，这些行为早已经超出了法律的底线，也不为道德所认可。虽然曝光他人隐私者一方面可能是出于正义感，但也不排除是利益的驱使，而很多人之所以对此毫无顾忌，正是因为我国并没有一套系统的法律体系来规范"人肉搜索"以保护个人的网络隐私。因而，建立一套完整的法律体系对"人肉搜索"进行法律管控是必要的也是必需的。当然，我们还必须明确一个问题，对"人肉搜索"进行法律管控，并不意味着禁止"人肉搜索"，其有利的一面我们也要予以充分肯定。

2. 关于针对"人肉搜索"立法方面的建议

信息时代来临，科技的发展使社会关系发生了明显的变化。我国立法在网络环境的冲击下已经不适应社会关系的发展了，需要进一步完善和改进，具体体现在以下三个方面：

首先，应加强"人肉搜索"的相关法律规定力度，将"人肉搜索"概念写入法律，并规定其具体的违法行为标准、免责事由和赔偿额度。"人肉搜索"行为是否侵权应以是否违背他人意志公布个人隐私和发布侮辱诽谤性评论为标准，以后果的严重性来确定是否承担相应的法律责任，其主要发起人、主要信息搜集者、进行侮辱诽谤者和提供平台的网站对于可能造成的侵权承担法律责任，以巨大的公共利益、轻微的后果及受害人作为公众人物的信息曝光程度高为免责事由。

其次，应注重完善个人信息保护的立法，将法律规定具体到对个人信息的收集、监控、保护等环节，强调资料收集者的资质和保密义务，并注重保护未成年人的隐私。资料收集者的资质决定了其是否能安全地保存其收集的个人资料以及是否有必要搜集他人的个人资料，规范化的资料收集是从源头保证了他人的信息安全。而资料收集者对其信息的所有人负有保密义务，未经本人同意不得公开或利用他人信息，法律另行规定的除外。网络服务商所负义务与此同理。对于未成年人的隐私保护，我国法律已有一些规定，但是条文零散不成系统，如果能与公民隐私权一同进行系统规定和进一步明确则可以更好地保护未成年人身心健康发展。

3. 隐私权保护相关法律的完善

在我国，隐私权的概念在法律规定中经历了一个从无至有的过程。在 2010 年 7 月 1 日实施的《中华人民共和国侵权责任法》中，隐私权第一次作为一项独立的公民基本权利出现在了法律条文中。2021 年 1 月 1 日施行的《中华人民共和国民法典》第六章介绍了隐私权和个人信息保护。但是，我国法律对于侵犯隐私权的责任承担仍无详细规定，更没有明确地将侵犯隐私权行为入刑。近年来频频出现的"人肉搜索"事件，在社会上产生了强烈反响。在某些"人肉搜索"事件中，公民的名誉权、隐私权受到严重侵犯。当"人肉搜索"事件开始进入司法程序之后，我国对隐私权的法律规定便开始显露出了缺失和不足。在信息交流已经十分发达的网络时代，为了贯彻法律保障人权的目的，我国的隐私权保护已经迫在眉睫。

隐私权立法主要有以下两个方面：

一方面，在关于隐私权的法律规定中，应明确规定出侵犯隐私权的具体行为标准。《中华人民共和国民法典》第六章给了明确的规定。

另一方面，我国对于侵犯隐私权的损害赔偿额度并未有相关规定，从"人肉搜索"第一案的赔偿来看，其赔偿金额过低，完全达不到对受害人的补偿和对违法行为实施者惩罚的目的。所以，为了达到相应的立法目的，隐私权侵权损害赔偿的金额也应当有适当的规定。

4. 互联网管理制度的完善

"人肉搜索"引擎存在的一个重要因素是网络的虚拟性。在网络世界中，人们匿名或以假名交流、评论以及提供信息，由于少了身份的限制，交流和言论也就少了顾忌。在"人肉搜索"中提供信息的网络用户大多是与被搜索者相熟或相识的关系。这样的一个搜索系统也只有在匿名的方式下才能得以发展壮大，如果是实名制上网发帖，那么信息发布和传播者出于对人际关系和舆论压力的考虑也会减少随意公开散播他人信息以及用过激言辞对他人进行评论的行为。

韩国网络技术的普及和应用程度处在世界领先水平。与我国情况类似，互联网给民众生活提供便利的同时也带来了诸多问题。网络暴力和"人肉搜索"事件在韩国也屡屡发生。在 2005 年的一连串网络暴力事件之后，韩国政府终于决心采取实际措施实行网络实名制，并且发布了一系列法律法规，从法律层面上对网络实名制进行规范。在此之后，在韩国国内各知名网站上进行"人肉搜索"、侮辱谩骂等行为大大减少，实名制上网收效显著，网络环境也更加文明和安全。

现今我国网络实名制已正式开始实施，大多数网站已有实名制登记要求。实施网络实名制是一个巨大的改革，耗费了大量的人力物力，需要相应的法律法规来将这一制度规范化，使其具有明确的法律依据来保障公民的权益。关于网络实名制的立法需要注意以下几点：

首先，网络实名制的实施范围。实行网络实名制的范围即具有实名注册资质的网站。当一个网站具有相当程度的人力、物力和技术支持时，才有可能完成这一大规模工程并保障这些数量惊人的网络用户的信息安全。

其次，网络实名制实施后严格保护信息安全。为了尽量减少对舆论监督的影响，不过于削弱民众的社会正义感，网站的注册信息保密就显得尤为重要。除了在法律规定的情况下可以向司法机关提供相应的信息之外，不应向任何个人或单位公开网络用户的个人信息。网络用户日常仍以网名进行讨论、发帖等活动，以保护网络用户的言论自由和社会舆论的正常发展。一旦有严重侵犯他人人格权的

"人肉搜索"事件发生，在进入司法程序后，通过申请司法机关可以在短时间内确定侵权责任人，追究其法律责任。

（三）具体法律条例

2023 年 6 月 9 日，《最高人民法院、最高人民检察院、公安部关于依法惩治网络暴力违法犯罪的指导意见（征求意见稿）》面向社会公开征求意见。为依法惩治网络暴力违法犯罪活动，有效维护公民人格权益和正常网络秩序，根据刑法、刑事诉讼法、民法典、民事诉讼法及治安管理处罚法等法律规定，结合执法、司法实践，制定本意见。

1. 负刑事责任的"人肉搜索"行为

"人肉搜索"行为涉嫌侵犯公民个人信息罪。

根据《最高人民法院、最高人民检察院关于办理侵犯公民个人信息刑事案件适用法律若干问题的解释》第五条规定：

非法获取、出售或者提供公民个人信息，具有下列情形之一的，应当认定为刑法第二百五十三条之一规定的"情节严重"：

（一）出售或者提供行踪轨迹信息，被他人用于犯罪的；

（二）知道或者应当知道他人利用公民个人信息实施犯罪，向其出售或者提供的；

（三）非法获取、出售或者提供行踪轨迹信息、通信内容、征信信息、财产信息五十条以上的；

（四）非法获取、出售或者提供住宿信息、通信记录、健康生理信息、交易信息等其他可能影响人身、财产安全的公民个人信息五百条以上的；

（五）非法获取、出售或者提供第三项、第四项规定以外的公民个人信息五千条以上的；

（六）数量未达到第三项至第五项规定标准，但是按相应比例合计达到有关数量标准的；

（七）违法所得五千元以上的；

（八）将在履行职责或者提供服务过程中获得的公民个人信息出售或者提供给他人，数量或者数额达到第三项至第七项规定标准一半以上的；

（九）曾因侵犯公民个人信息受过刑事处罚或者二年内受过行政处罚，又非法获取、出售或者提供公民个人信息的；

（十）其他情节严重的情形。

《中华人民共和国刑法》第二百五十三条之一规定：

违反国家有关规定，向他人出售或者提供公民个人信息，情节严重的，处三年以下有期徒刑或者拘役，并处或者单处罚金；情节特别严重的，处三年以上七年以下有期徒刑，并处罚金。

违反国家有关规定，将在履行职责或者提供服务过程中获得的公民个人信息，出售或者提供给他人的，依照前款的规定从重处罚。

窃取或者以其他方法非法获取公民个人信息的，依照第一款的规定处罚。

单位犯前三款罪的，对单位判处罚金，并对其直接负责的主管人员和其他直接责任人员，依照各该款的规定处罚。

2. 可负民事责任的"人肉搜索"行为

《中华人民共和国民法典》中对"人肉搜索"过程中所涉及的侵权行为也有相对应的规定，具体如下：

第一百一十一条　自然人的个人信息受法律保护。任何组织或者个人需要获取他人个人信息的，应当依法取得并确保信息安全，不得非法收集、使用、加工、传输他人个人信息，不得非法买卖、提供或者公开他人个人信息。

第九百九十条　人格权是民事主体享有的生命权、身体权、健康权、姓名权、名称权、肖像权、名誉权、荣誉权、隐私权等权利。除前款规定的人格权外，自然人享有基于人身自由、人格尊严产生的其他人格权益。

第一千零一十四条　任何组织或者个人不得以干涉、盗用、假冒等方式侵害他人的姓名权或者名称权。

第一千零一十八条　自然人享有肖像权，有权依法制作、使用、公开或者许可他人使用自己的肖像。

肖像是通过影像、雕塑、绘画等方式在一定载体上所反映的特定自然人可以被识别的外部形象。

第一千零一十九条　任何组织或者个人不得以丑化、污损，或者利用信息技术手段伪造等方式侵害他人的肖像权。未经肖像权人同意，不得制作、使用、公开肖像权人的肖像，但是法律另有规定的除外。

未经肖像权人同意，肖像作品权利人不得以发表、复制、发行、出租、展览等方式使用或者公开肖像权人的肖像。

第一千零二十四条　民事主体享有名誉权。任何组织或者个人不得以侮辱、诽谤等方式侵害他人的名誉权。

名誉是对民事主体的品德、声望、才能、信用等的社会评价。

第一千零二十五条　行为人为公共利益实施新闻报道、舆论监督等行为，影响他人名誉的，不承担民事责任，但是有下列情形之一的除外：

（一）捏造、歪曲事实；

（二）对他人提供的严重失实内容未尽到合理核实义务；

（三）使用侮辱性言辞等贬损他人名誉。

第一千零三十二条　自然人享有隐私权。任何组织或者个人不得以刺探、侵扰、泄露、公开等方式侵害他人的隐私权。

隐私是自然人的私人生活安宁和不愿为他人知晓的私密空间、私密活动、私密信息。

第一千零三十三条　除法律另有规定或者权利人明确同意外，任何组织或者个人不得实施下列行为：

（一）以电话、短信、即时通讯工具、电子邮件、传单等方式侵扰他人的私人生活安宁；

（二）进入、拍摄、窥视他人的住宅、宾馆房间等私密空间；

（三）拍摄、窥视、窃听、公开他人的私密活动；

（四）拍摄、窥视他人身体的私密部位；

（五）处理他人的私密信息；

（六）以其他方式侵害他人的隐私权。

第一千零三十四条 自然人的个人信息受法律保护。

个人信息是以电子或者其他方式记录的能够单独或者与其他信息结合识别特定自然人的各种信息，包括自然人的姓名、出生日期、身份证件号码、生物识别信息、住址、电话号码、电子邮箱、健康信息、行踪信息等。

个人信息中的私密信息，适用有关隐私权的规定；没有规定的，适用有关个人信息保护的规定。

第一千零三十五条 处理个人信息的，应当遵循合法、正当、必要原则，不得过度处理，并符合下列条件：

（一）征得该自然人或者其监护人同意，但是法律、行政法规另有规定的除外；

（二）公开处理信息的规则；

（三）明示处理信息的目的、方式和范围；

（四）不违反法律、行政法规的规定和双方的约定。

个人信息的处理包括个人信息的收集、存储、使用、加工、传输、提供、公开等。

除了上述相关法律条例外，《中华人民共和国网络安全法》2017年6月1日起正式实施，其中第四十四条规定："任何个人和组织不得窃取或者以其他非法方式获取个人信息，不得非法出售或者非法向他人提供个人信息。"违反此条规定尚不构成犯罪的，由公安机关没收违法所得，并处违法所得一倍以上十倍以下罚款，没有违法所得的，处一百万元以下罚款。

《中华人民共和国网络安全法》第四十二条规定："网络运营者不得泄露、篡改、毁损其收集的个人信息；未经被收集者同意，不得向他人提供个人信息。但是，经过处理无法识别特定个人且不能复原的除外。违反此条规定的，由有关主管部门责令改正，可以根据情节单处或者并处警告、没收违法所得、处违法所得一倍以上十倍以下罚款，没有违法所得的，处一百万元以下罚款，对直接负责的主管人员和其他直接责任人员处一万元以上十万元以下罚款；情节严重的，并可以责令暂停相关业务、停业整顿、关闭网站、吊销相关业务许可证或者吊销营业执照。

3. 组织"人肉搜索"将被依法惩治

2023 年 6 月，最高人民法院、最高人民检察院、公安部公布起草《最高人民法院，最高人民检察院关于依法惩治网络暴力违法犯罪的指导意见（征求意见稿）》。其中提到将依法惩治侵犯公民个人信息行为。组织"人肉搜索"，在信息网络上违法收集并向不特定多数人发布公民个人信息，情节严重，符合《中华人民共和国刑法》第二百五十三条之一规定的，以侵犯公民个人信息罪定罪处罚。相关法律条例的制定与出台表明我国越来越重视网络时代背景下的网络环境问题，越来越重视对网络不良和不法行为的打击，越来越重视对公民隐私权的保护。

第五章 公共场所中的个人隐私权

第一节 公共场所个人隐私权的判定

一、公共场所判定

在生活中，人们对于公共场所和私人场所的划分似乎是下意识的行为。即便是对法律一窍不通的人们，单凭直觉也能知道广场、公园、商场在性质上属于公共场所，而他人所居住的处所、庭院在性质上属于私人场所。这样的区分并不需要专业知识，仅仅是以直觉、常识便能做出区分判断。但是人们身处的空间除了各类广场、公园、商场、住宅等能够明确划分公共或私人性质的场所之外，还包括一些难以划分的场所。例如，商场的试衣间、医院的病房之类的特定场所，究竟是像广场、商场一样属于公共场所，还是像住所一样属于私人场所？区分公共场所与私人场所的标准是什么？

（一）公共场所和私人场所的区别

公共场所与私人场所通常都是作为一组相对应的概念出现的，正如人们一般会在隐私权领域将身处的场所划分为公共场所与私人场所，虽然学者们普遍都认可了公共场所和私人场所的区分，认为一个人身处不同的场所，所受法律保护的程度也会有所不同，但学者们却并未对公共场所和私人场所做出明确界定，只有少部分学者在其著作中有过相关解释。张民安教授认为，判断一个场所是公共场所还是私人场所，就是看社会公众和公权力机关是否能够随意进入。社会公众和公权力机关能够随意进入的就是公共场所。张新宝教授将公共场所定义为："根据该场所的所有者（或占有者）的意志，用于公共大众进行活动的空间。"笔者比较赞同张民安教授的观点，公共场所应是允许社会公众随意出入而不受他人非法干涉的场所。

根据我们的日常生活经验，公共场所有银行大厅、商场、公园、市场、车站、机场、饭店、宾馆、酒吧等，这些场所允许公众在条件允许的情况下随意进出，无论进出的人员有何想法和目的。有的学者将公共场所划分为纯粹的公共场所和有私人空间的公共场所。还有学者认为，公共场所与公众场合需要加以区分。公众场合允许他人自由介入，且可以对里面发生的事情进行自由传播，而公共场所内涵中只允许他人自由介入，却不代表着允许对里面的事自由传播，禁止隐私传播的合理期待并没有消失。

（二）公共场所的特性

公共场所一般具有三种特性，即开放性、秩序性以及共享性，其中最显著的特性就是开放性。公共场所面向全体社会公众，任何人都可以依据自身意愿随意出入，不受他人非法干涉。根据公共场所的开放程度，我们可以将公共场所划分为以下三类：完全开放性公共场所、半开放性公共场所和封闭性公共场所。开放性公共场所是完全向社会公众开放的，无须获得该场所的所有人或者管理者的许可即可进入的场所，包括公园、博物馆、公共街道等在内的场所都是完全开放性公共场所。半开放性公共场所是指只能由一定范围内的人群进入的公共场所，像是学校的教室、商务大厦的办公场所等，这些场所并不是人人都可随意出入，只能由日常使用的人群进入，他人不能直接进入或者需要具备一定的身份才能进入。封闭性公共场所的性质类似于私人场所，比如说商场的试衣间、洗手间等，这些场所都具有共同的特性，它们在某个特定的时间内只能由当时的使用者所用，在使用过程中，任何人都不能侵入，否则就会构成隐私侵权，他人有权要求行为人向其承担法律责任。但无人使用时，则人人都可以随意进入。需要注意的是，如果该公共场所有明确的所有者或者管理人，并且该场所的所有者或者管理人对社会公众出入公共场所的时间有相应规定的，社会公众应当遵守该规定，在该规定要求的时间内才能出入该场所。正如许多大型超市都规定十点钟关门，超市的工作人员往往会在十点前提醒进入超市购物的人员及时离开，体现了公共场所的秩序性。同时，公共场所还具有共享性，私人场所的私人属性决定了身处私人场所的人可以独占私人场所中的资源，而公共场所是可供人们随意出入的场所，容纳了一定数量的人群，主体的多元化决定了公共场所中资源的共享性，社会公众身处公共场所可以自由支配和利用这些资源。

二、公共场所中的个人隐私权

公共场所个人隐私权实际上是隐私权在现代的权利延伸，前文已经对隐私权做了详细的阐述，下面重点探讨公共场所中的个人隐私权的问题。

（一）公共场所中的个人隐私权的判定

公共场所中的个人隐私权是公民在公共场所中个人的人格和身份等信息受到法律的保护，不被他人非法侵扰、知悉、搜集、利用和公开等的一种人格权，其判定有以下依据。

首先，在公共场所之中必须尊重并保留个人尊严。人格尊严是一种自然权利，从我们出生到死亡一直存在，不可剥夺，不可限制。因为个人隐私在公众场所更容易被泄露传播，对个人的人格尊严造成侵犯，所以在公共场所，人们更期望自己的人格尊严受到保护。但是在公共场所之中情况却恰恰相反，个人行为都会被可见或不可见的监控设备完整地记录下来，几乎不存在私人空间。所以应该加强在公共场所中对公民个人尊严的保护。

其次，公共场所类型多样。公共场所本身就兼具"公开性"与"私密性"，如前文对公共场所的界定时所提到的，绝大多数的公共场所都不具备完全的公共性质。例如商场、餐厅之中也具有更衣室、员工间这样的私密性极高的空间。虽然公共场所完全对公众开放，但是却给人一种安全的心理暗示，如僻静的树林、空无一人的图书馆成为行为人心理拟制的"私人空间"，此时人们就会有合理的隐私期待。

最后，隐私权领域的扩张。传统的隐私权概念是建立在物理空间基础之上的，仅限于私人空间中个人的生活不受约束、监视。随着社会技术的不断进步，公共场所的监控、大数据对个人信息的收集成了社会管理中不可或缺的一环，每个人的生活都时时刻刻处于无形的注视之下。只要对这些被记录的数据稍加分析就可以了解一个人生活的方方面面，其中会涉及很多私密的信息。这些形形色色的数据收集有的是为了保护公共利益，也有过当的收集违反比例原则，造成了对个人隐私的侵犯，这些都对传统的隐私权保护的范围提出了巨大的挑战。《中华人民共和国民法典》中也第一次对私密信息的保护做出规定。随着时代的发展，与隐私相关的信息不再是简简单单的姓名、家庭住址等，个人在公共空间所留下的行程信息，甚至在某个商家的公众号内一次简单的授权都可能泄露个人的重大隐私。把对私密信息的保护适用于隐私权相关规定，等于变相承认对公共场所中可能泄露的个人私密信息的保护是对公共场所隐私权的保护。

（二）公共场所个人隐私权的发展背景

1. 传统公共场所个人隐私权

公共场所个人隐私权是随着社会发展现状的改变而形成的一种新兴观念，此处论述的传统公共场所个人隐私权并非学术概念，它指的是在传统隐私权语境下，当个人处于公共场所中时个人隐私权的判定问题。传统观点坚持的是公共场所无隐私权。在顾理平的《论隐性采访的场合合法性》一文中，他认为：一个人如果将自己置身于公共场所中，那么就是一种主动昭示于人的行为，也就意味着承认了自己行为的公开性。如夫妻之间的亲昵行为，在住宅内就是隐私，而发生在公园等公共场所，便丧失了隐秘性，就不是隐私了。无论是两大法系还是我国法律都承认人们对其住所、居所等私人场所享有隐私权，倘若行为人未经授权擅自披露他人在私人场所中的隐私，或者政府监控侵犯到他人在其私人场所中的隐私，法律均会支持人们就上述隐私侵权行为请求救济。但是当人们处在沙滩、商场、公园等公共场所时，对于人们是否享有隐私权，各个国家并没有统一的认识，比如美国受言论自由的影响支持公共场所无隐私权的说法，而法国则倾向于保护个人隐私而支持公共场所存在个人隐私权。

　　公共场所无隐私权这一观点最早是由美国的普罗瑟教授确立的，他认为只有在被侵扰的是私人事务、私人场所、私人内容时才能构成隐私侵权。这一理论被运用在《美国侵权法复述（第二版）》中，隐私侵权四分法的僵化模式决定了这种模式无法随着社会科技的进步而接纳、吸收新的隐私侵权行为类型。为了防止四分法的扩张，他又提出了"公共场所无隐私"规则，在这一规则中，人们处在住所等私人场所以外的公共场所中的所作所为是在场的所有陌生人都能够看到的，因此无论是其行为被拍摄下来还是被跟踪，行为人的行为也不构成隐私侵权，因为他们的行为原本就是会被在场的其他人看到的。在"公共场所无隐私"观点的影响下，美国法院一刀切地认定人们在公共场所所做出的一切行为都不属于私人事实的范畴，人们只有在私人场所才能享有隐私权，人们进入公共场所本身便代表了自愿放弃其隐私权益、自愿将个人言行公开，除了承担个人的言行被他人观察的风险之外，还应当承担个人的言行被他人以拍摄照片等形式记录下来并向社会广泛传播的风险。比如在吉尔诉赫斯特出版公司案中，一对夫妻在超市的行为被他人拍摄，并且行为人未经夫妻二人同意就对拍摄内容进行了广泛的传播，夫妻俩就行为人的拍摄、传播行为向法院提出隐私侵权诉讼，被法院以公共场所拍摄的照片不涉及个人隐私，被告并没有侵权的理由驳回。一时间，"公共场所无隐私"这一观点变成了法官们主流的司法观点，场所的公共或是私人性质成了隐私权是否能够获得保护的判断标准。实际上，在当时的社会背景下，该观点是有其存在的合理性的，一是在那个年代信息化程度低，电子通信不发达，人们只能够靠当面或书信交流，只有个别家境殷实的贵族能够使用电话通信，人们获取消息的渠道少之又少，报纸是了解时事的最好途径。在这样一个信息闭塞、消息传播速度慢且范围有限的时代，人们对于自己的隐私权可能受到侵害的风险能够有较为清楚的认识，可以说这时在私人场所中人们的隐私比较安全，在公共场所个人隐私受到侵害的可能性也较小且危害有限。二是这一观点评判标准明确具体，对于司法机关来说使用起来非常方便而且快捷，可以快速审结案件。

"公共场所无隐私"这一观点之所以比较流行还因为有两个理论的大力支持。

（1）风险自担理论。该理论在《美国侵权法复述（第二版）》中有定义，当原告在充分了解到某一行为可能会对自己造成风险，而其又主动将自己置于发生该风险的范围内，那么原告就无权就损失要求赔偿。根据这一理论，一旦行为人进入公共场所之中，就代表他自愿承担在公共场所的言行被在场其他人观察的风险，这时候即便有人对其隐私实施了侵扰的行为，一切后果由本人承担，他人不需要承担侵权责任。

（2）表象悖论。持这一观点的人往往认为行为人自愿进入公共场所之时，他本人应当能够预见到自己的言行会暴露在公众的视野之下，因此可以推断该人已经自愿公开其行为、自愿放弃其隐私利益。在这一观点之下，私人生活被等同于在私人场所进行的活动，凡是离开私人场所进入公共场所所进行的活动都是公开透明、不存在私密性的，在这一观点中似乎"隐私"与"公共"这两个词语在法律这一语境中无法同时存在。

2. 隐私合理期待

"隐私合理期待"理论是由美国联邦最高法院确立的，一个人在公共场所是否存在值得法律保护的隐私权益，可以适用隐私合理期待理论去判定。该理论虽然源自《美国宪法第四修正案》，属于一种宪法性质上的理论，但是在隐私侵权责任领域也可以具体适用。隐私合理期待理论通过主、客观隐私期待两步分析法来判断一个人对其在公共场所的某种行为是否享有合理的隐私期待：首先从他人的行为表现来判断其对自己的某种行为是否具有主观的隐私期待，再从社会公众的角度来看这种隐私期待是否合理。

（1）从他人的行为表现来判断其是否具有主观的隐私期待。对于他人内心的真实想法，我们无从得知，只能从他人行为外部的意思表示来判断他人是否对自己的某种行为具有主观的隐私期待，这种期待通常表现为人们不希望自己的行为被他人知悉，如果该行为被公开，会使其产生一种被冒犯的感觉。判断他人是否对自己的行为具有主观的隐私期待，往往在于其是否采取了某种掩饰或者隐匿的措施，比如说人们在公共场所打电话时，为了不让其他人听到自己的通话内容，会刻意降低自己的音量；在输入密码时，为了防止被其他人看到自己的密码，会转过身去背对其他人或者用手遮挡住所输的密码，进入咖啡厅时会选择角落的位置等，这些行为都在向身边人传递出一种讯息——其不愿被社会公众关注或者打扰，我们可以判断出其是具有主观的隐私期待的。在司法实践中，亦是如此。在1967年的"卡茨诉美国案"（卡茨案）中，联邦调查员为证实卡茨是否涉嫌非法赌博，未经法院授权即在卡茨经常出入的公共电话亭墙外安装窃听装置，监听并录下卡茨的通话内容，卡茨因而遭到逮捕并被定罪。联邦最高法院在处理这一案件时，完全摒弃了"物理侵入"概念，认定联邦调查员的取证方式侵犯了他人隐私，认为卡茨对其在公用电话亭的通话内容享有隐私期待，因为卡兹在进入公用电话亭后关上了电话亭的门，这意味着他并不想自己的通话内容被其他人听到。反之，如果人们将自己的行为在公共场所公开，而没有采取任何明示或者暗示的措施进行掩饰或者隐匿，那么就可以认为他对自己的行为不具有主观的隐私期待。

（2）从社会公众的角度来看这种隐私期待是否合理。在从他人的行为表现中判断出他人对自己的某种行为具有主观的隐私期待后，就需要从社会公众的角度来看这种隐私期待是否合理，但是由于不同的隐私权主体往往具有不同的隐私需求，这就导致衡量他人隐私期待的合理性无法找到一个统一的标准，在司法实践中，很大程度上需要法官去自由裁量，结合个案的具体情况以及各种客观因素来判断。通常，法官在判断个人隐私期待的合理性时，会考虑所涉场所的性质、当事人是否采取了某种掩饰或者隐匿的措施来维护其隐私、信息获取的途径、所涉行为的性质等因素。对于所涉场所的性质，如在偏远的、人烟稀少的公共场所，因为人们在该场所实施的行为被行人发现的可能性比较低，所以，应认为人们对该行为的主观隐私期待是合理的；对于信息获取的途径，如果该信息是行为人暗中摄录所获取的，那么，应当认定该隐私期待的合理性；对于当事人是否采取了掩饰、隐匿的措施来维护其隐私，正如上文所述，判断他人是否具有某种主观的隐私期待，我们通常是从其外部行为来判断，这需要他人将内心的真实想法表露于外；对于所涉行为的性质，如果他人发生在公共场所的行为性质属于尴尬事件或者亲密行为等不愿被社会公众所关注的行为，我们也应当认定这种隐私期待是合理的。

第二节　公共场所个人隐私权保护的必要性

一、对人格尊严和行为自由的保障

人格尊严和行为自由是现代法律制度的基本内涵，也是公共空间隐私权保护的价值立意。德国哲学家康德曾提出"人非工具"的著名论断，即每个人都应当受到他人的尊重，也有自由选择其行为的权利。伴随着文明的进步，人类对于公共性更加敏感，以至于更加重视个人隐私。沃伦和布兰代斯曾说："科技通过侵犯个人隐私，使人们遭受精神上的痛苦和忧虑，其程度远远超过单纯的身体伤害所造成的后果。"侵犯隐私不仅损害了公民的自尊心，也会影响公民行为的自由性。

一方面，当隐私遭受侵犯时，精神上的折磨远远大于肉体。隐私的非自愿性公开会导致公民自身社会评价降低，甚至会影响正常生活秩序。面对这样的情形，当事人难免情绪低落、心情沉重，承受巨大的心理压力。在如今大数据高度应用的时代，公民隐私呈现出复合性，此时的隐私侵权往往使得当事人无法及时感知，从而表现出"无感"的状态，但这种"无感"并不意味着当事人没有受到伤害。正是因为这样的隐私侵权伤害不能提前预判和及时感知，其所造成的精神损害的程度往往会更高。

另一方面，隐私侵犯风险的不确定性会导致行为自由性受损。自由是人类最珍贵的财富，隐私权正因为彰显了自由，才成为人权最重要、最基本的内容。在日常社会生活中，只有当人们得到充分的安全感时才能实现真正的行为自由，不会因为担心自己的言行被记录、偷拍而变得畏首畏尾，甚至改变自己的行为。当个人在社会生活中被随意监控、分析甚至操纵预测，个人作为人的主体性地位会被动摇，演变为被操控的数据客体，严重影响个人的行为自由。公共场所隐私权体现了对人格尊严的保护，保障了公民在非私人场所表达感情和活动的行为自由，具有重要的价值意义。

二、对公权力无限扩张的制约

社会的发展推动了科学技术的进步，但同时社会也被科学技术所塑造着。在当代社会治理中，国家权力机关为了能够实现对社会更全面、更深层次的监督和治理，会采用技术手段对社会进行全方位的监控，这就在一定程度上导致了社会发展趋向于"圆形监狱"化。

所谓的"圆形监狱"即是全景敞视式监狱，这一理论由英国哲学家边沁率先提出，后由法国哲学家福柯在《规训与惩戒》中将其通过光线的形式更加形象地描述出来。一道光线环形围绕在牢房之外，让位于中心的中央塔隐藏在光影之中，变得昏暗不明。在这样的监狱之中，监视者能够对被监视者进行持续、全面的监视，而被监视者却对监视一无所知甚至无法抗拒。边沁为了确保权力能够完全渗透于社会，构建了圆形监狱的框架，体现了全景敞视主义。这样的监狱结构应用于社会之中能够确保对人民实现有效的监视及行为的规范化，但这同时也隐藏了一定的权力隐患。全方位的监视体现了监视者至高无上的权力和地位，但作为监视者的公权力机关，若无限制地扩张其权力范围，必然导致公民利益受损，尤其是作为私人权利重要代表的隐私权。

在公共视频全方位覆盖的背景下，对公共空间隐私权的保护不仅是对公民人格尊严和行为自由的保护，也是为了实现对国家公权力的规范限制。如今，天网、监控摄像头全方位覆盖、数据的高度共享与快速流通实现了政府对社会高效与便捷的监控与治理，但也无形中制造了一个"圆形监狱"。一直以来，公权力机关都很注重公民数据信息的收集与处理工作，但在分析、脱敏等环节缺乏专业技术能力，所用的算法存在决策的自动化隐患。一方面，公权力机关无法掌握数据信息收集的规律性，造成过度采集、分析信息的现象，从而涉及侵犯公民的隐私；另一方面，公权力机关会借助第三方机构研发的算法流程以提高社会安全治理水平。但私主体研发的预测算法对公权力机关在社会治理领域的决策会产生重要影响，算法程序的正义性、数据使用的合规性、数据执法等内容都具有风险性和可论证空间。因此，更应谨慎而为之。

三、对公民精神利益需求之满足

美国律师沃伦和布兰代斯在《波士顿周六晚报》中写道："生活紧张而复杂是文明进步的结果，也使游离于世俗之外成为必需，人处于文化习俗的深刻影响之下，对公之于众更加敏感，从而使得独处与隐私具有更深的个人价值。"技术改变了我们的生活方式，代替了原本劳累的工作内容从而提高了生活质量，进而也引发了人们对精神利益的高度需求。美国社会心理学家马斯洛在其需要层次理论中将生存需要及精神需要做了明确的划分，并以需要程度和利益迫切程度作为划分依据，将精神需要依次划分为安全、自由、归属、自尊、爱和自我实现等。

基于精神需要的层次划分，能够帮助我们在物质利益与各层次精神利益之间出现斗争时提供选择参考。从一般意义上看，物质利益相较于精神利益处于较低层次的位阶。利益的实现遵循着由低到高逐步提升的现实规律。隐私权的内涵从私人的、密闭的空间逐渐向公共的、开放的空间外延，这就在一定程度上体现了人们对精神利益的需求，而保障与满足人们精神利益需求是社会发展更高的价值追求。

保障公共空间隐私权也是维护社会文明的一种肯定。在社会历史发展的进程中，文明作为技术的平等伙伴，同样值得仔细审视。美国学者威尔·杜兰特和阿里尔·杜兰特认为文明是推动文化创造的社会财富。文明带来知识的提升、经济的繁荣，通过各种形式推动社会进步。当社会文明发展到一定程度，人们便开始寻求更高层次的精神利益。在如今的社会中，物质财富逐渐富足，人们对于利益的需求逐渐由物质利益转向精神利益。社会文明的进步在于人，而实现人的精神需求更有利于社会的发展。在当今社会之中，物质利益已然无法满足人们的利益需求。社会文明的进步与隐私保护是相互促进的。对于公共空间隐私权的保护是精神利益需求的落脚点，也是维护社会文明的现实需要。因此，加强隐私保护，满足公民精神利益需求，更有利于推动社会的文明与进步。

四、社会控制使公共场所个人隐私权遭遇压缩

1896 年，美国社会学家罗斯提出了"社会控制"一词。他在《社会控制》一书中指出，在最初的简单社会里，人类感情是维系自然秩序的主要枢纽。当社会日渐复杂化，则需要一种排除情感干扰的机制维系复杂社会的新秩序，这样的机制就是社会控制。庞德引用了这个概念，在《通过法律的社会控制》一书中从更宽泛的意义上对这一名词进行了解释。他认为，不同的社会控制手段应当与当时的社会发展阶段和文明状况相匹配。实行社会控制主要有三种方式：法律、道德和宗教。在以血亲集团为单位的不发达时期，宗教控制和道德控制是稳固社

会秩序的主要方式；但从 16 世纪以来，法律已成为社会控制的主要手段，因为从那时起，社会政治组织的发展已经相当成熟。这时国家居于整个社会的主导地位，而在先进的社会里，人们需要法律。经济社会、文化社会的发展使人们具有更高的自我意识，开始反感武断的干涉。道德、正义观念解决冲突的能力也开始显示出其有限性。国家的职能首先是社会控制，通过法律形成稳定的社会秩序。公共场所人们的一言一行是社会秩序的体现。

法律俨然已经成为现代社会控制的主要方式，大部分的权利失衡、救济都可以通过法律解决。一种权利的救济很大程度上依赖于法律是否对其有清晰准确的认识，且通过法律设置了救济渠道。由于当前隐私权的保护很大程度上还局限于私人场所，立法尚未采纳公共场所有隐私期待的价值观念，因此，权利被侵害时只能间接通过其他权利救济渠道解决。另外，在社会控制语境下，人们在公共场所对秩序的服从和对社会利益的追求，导致人们所享有的公共场所隐私权保护被忽视。

第三节　公共场所个人隐私权的保护

公共场所隐私权在国外诞生并得到发展。虽然各国在一定程度上肯定了公共场所隐私权确有存在的必要并予以保护，但公共场所隐私权保护仍处于弱势的地位，下面通过分析他国在此问题上的保护措施来为我国公共场所隐私权的保护提供借鉴。

一、美国的公共场所个人隐私权保护

美国最早于 1890 年提出隐私权的概念并被公民广泛接受。自此，公民对自己在私人场所中的事物和行为享有隐私权是不言而喻的。但该隐私权的概念仅限于独处、私人、秘密特点，处于公共场所的公民是否享有隐私权、该隐私权是否应当受到保护却没有得到回应，学界对于公共场所隐私保护仍然争论不休。美国对于隐私权的保护毋庸置疑走在了世界前列，但即使如此，美国法律在公共场所是否享有隐私权这一问题上也同其他法律权利一样经历了一个漫长曲折、从无到有的过程。

最初，美国对于公共场所是否享有隐私权持否定态度，认为"公共场所无隐私"。美国著名侵权法专家普罗瑟在其 1960 年发表的《论隐私权》一文中提出了"公共场所无隐私"的规则，当公众自愿进入公共场所随即丧失享受独处的权利，此时对其进行拍摄、录像等则不满足隐私侵权的构成要件，不属于侵犯他人隐私。美国联邦最高法院接受了该观念，并且法院在判决中通常以公民是否处于公共场所作为公民隐私权是否存在的判断标准。但是随着科学技术的发展，信息的挖掘、分析和传播变得更加容易，隐私权也陷入高度危险的境地。

美国联邦最高法院在 1967 年的卡茨案中肯定了"公共场所有隐私"。卡茨案的判决理由认为：《美国宪法第四修正案》保护的是人而非场所。政府执法人员在公共电话亭中安装窃听装置的行为违反了《美国宪法第四修正案》的规定。卡茨案所确立的"公共场所有隐私"和隐私合理期待理论具有里程碑式的意义。一方面，"公共场所有隐私"标志着公民的隐私权不再以场所性质为限。案件的判决结果体现了美国对隐私权的保护从场所向人转移、从私人领域向公共领域延伸的重大发展，是对信息社会公民对公共空间隐私保护渴望的回应；另一方面，隐私合理期待理论为公共空间隐私权的存在奠定理论基础。公共空间隐私权作为一项新兴权利，其判断标准和适用规则都需要基础理论予以支撑和解决。隐私合理期待理论的提出为在司法实践中保护公共场所隐私权提供了行为准则和行动指南。

美国对于隐私权的保护采取的是自主监管为主，政府监管提供指导的模式。虽然美国隐私保护也是建立于人格权保护的基础之上，但其承认个人隐私信息的财产价值属性，因而采取合约理念构建隐私保护制度。具体而言，政府在隐私保护中主要采取原则性指导的方式，由企业执行自我监管具体实施。美国政府曾推行"大数据计划"，确立以企业自我监管为主体的数据隐私监管体制。美国隐私权保护注重发挥市场导向机制以促进数据信息开放共享的环境构建，从而推动数据驱动创新和经济发展。

二、德国公共空间个人隐私权保护

德国法院早在 1976 年就曾表示："从客观的立场看，当个人不希望受到打扰时，即便他身处于公共领域也依然享有隐私权利。"由于德国经济相对发达，其对隐私权的研究也比较深入超前。德国早在 1977 年就针对网络隐私颁布了《多元媒体法》，并且随后为限制监控视频，在《联邦个人资料保护法》中予以细致规定，明确监控视频的安装应当出于保护国家主权、维护自然人合法权益和公权力机关履行职责等目的。虽然德国在立法上对隐私权的保护早有先见之明，但在司法领域却没有对公共场所隐私权予以重视。直至卡洛琳诉德国一案，使得公共场所隐私权的保护在德国得到了关注。原告摩纳哥公主卡洛琳起诉某出版公司，因对方刊登自己在公共场所中的生活照片没有经过本人同意，认为这样的行为侵犯了自身的隐私权益。德国地方法院并未支持卡洛琳的主张，认为尽管未经本人同意而拍摄本人照片，但公众人物出入公共场所都处于公众的视野之内，不享有隐私保护权利。虽然德国联邦法院认可了地方法院所做出的裁判，但表明了公共场所隐私权应当保护的态度。欧洲人权法院认为该判决不符合《人权保护宣言》，应当给予卡洛琳公主应有的隐私保护而对出版公司进行批判。在此案件发生后，德国在司法上逐渐认可了公共场所隐私权并加大了隐私权的保护范围。

虽然德国肯定了公共场所存在隐私权，并注重对其进行保护，但保护并不是全面的，而是针对身处公共场所中相对特殊的人物。具体而言，德国的公共场所隐私权保护主要有两方面内容。

一方面，主体属于公众人物。德国法律对于判决行为主体是否属于公众人物，取决于其是否具有一定的时代影响力。同时，会将该主体在公共空间所泄露的隐私价值与其他方面的利益获得去衡量，以此来判断该隐私是否值得被保护。一般而言，公众人物主要有国家政府官员、知名演员、著名运动员等，以主体的公共性作为公共场所隐私权的判断前提。之所以将主体限定为公众人物，是因为公众人物隐私泄露不仅会导致人物主体本身受到伤害，还有可能使得相关利益集团获得高额收益，从而影响社会平等和安宁。因此，德国联邦宪法规定，未经公众人物同意而擅自将其照片或私人信息公开，将承担相应法律责任。

另一方面，主体处于公共场所，且该公共场所具备一定的私人性。德国基于领域理论，提出公共场所隐私权应当建立于公共场所内某一个人的特殊属性的基础之上。如果是个人的独立个体则具备私人属性，如果是团体则不具备私人属性。德国法律是出于保障人格独立和人格自由而制定的。即使是处于公共场所，个人也有权利不被他人干扰，享受所处空间内的安静和隐蔽。

三、《欧洲人权公约》中的公共场所个人隐私权保护

《欧洲人权公约》第八条详细规定了每一个工作人员应当享有私人生活受他人尊重的权利。第十条进一步规定了每个人具有自由表达自我的权利，但是这种自我意识的表达需要建立在尊重他人的隐私信息的基础上。在上述规定中，对于私人生活的保护和言论方面的自由进行了进一步的对接和完善，具体如下：

第一，在私人生活保护方面，《欧洲人权公约》非常注重私人的相关空间，而且针对使用空间给予了决定性的保护，尤其强调了在私人生活空间当中，应当对个人相关的隐私权给予最充分的保护。这种保护主要保障权利人免受外来方面的干扰。即便是在目前的公共场所，个人与外界之间的互动交流过程当中，依然存在一定的私人空间，也不可受到外界的干扰和侵犯。

第二，在言论自由方面，《欧洲人权公约》进行了进一步的规制。该公约指出了言论方面的自由，但是，这一自由具有一定的相对属性，该自由虽然包含了

个人所发表言论具有自我意识表达的自由性，但是这一言论的内容不允许侵犯他人的私密领域。《欧洲人权公约》还针对媒体进行了进一步的制约，与事件相关的夸张程度的报道以及对公众人物一些隐私方面的报道，均是禁止的。

《欧洲人权公约》对个人隐私方面的保护进行了进一步的权衡，尤其是权衡了自由人在自由程度和私人制度的相关价值。

四、我国公共场所个人隐私权保护

（一）我国公共场所个人隐私权的现有问题

目前我国已经加大了对公共场所个人隐私权的重视程度，但仍然存在法律保护范围不明确的问题。

我国在隐私权方面的研究起步较晚，对于公共场所个人隐私权理论的关注度普遍不高，但是在相关隐私侵权案件中，涉及公共场所个人隐私权的案件所占比例却并不小。由于我国在公共场所个人隐私权的法律保护范围上一直不十分明确，所以，在实践中，法官在审理此类案件时主要是依靠自身多年来的法学素养和审判经验去衡量在何种情况下侧重于保护公共场所个人隐私权，又该在何种情况下侧重于保护他人的自由权或者知情权等权利，但是这种衡量存在弊端，其弊端在于主观性太强，部分法官思维仍有局限，始终遵循"公共场所无隐私"的规则，在涉及有关公共场所个人隐私纠纷时，通常都将"公共场所"排除在隐私权保护范围之外，不认为行为人的行为是对他人隐私权的侵害。学术界对于公共场所个人隐私权的法律保护范围也存在着不一致的观点，部分学者认为应将个人在公共场所的私人生活纳入隐私权的保护范围内，也有学者认为应将个人在公共场所的合理隐私期待纳入隐私权的保护范围内。如何去确定公共场所个人隐私权的法律保护范围仍是一大难题。公共场所的公开性与隐私权的私密性本就是互相矛盾的，公共场所又是个人行使诸多权利的场所，我们不能只强调对个人隐私的保护，而过分限制他人的权利，在某些情境下，公共场所个人隐私权需要让位于对其他权利的保护。行为人在公共场所实施的行为对他人的生活安宁的侵扰要达到何种程度才会被认定为侵犯了他人的公共场所个人隐私权始终处于一种模糊状态，所以，我们需要进一步明确公共场所个人隐私权的法律保护范围，这样才能确保在实践中，行为人如果实施了某种侵扰到他人安宁生活的行为，他人可以据此要求行为人承担相应的责任。

（二）建议

1. 明确责任承担的标准

对于公共场所隐私侵权的归责原则，笔者认为，追究他人侵犯公共场所隐私权行为的民事责任，应当采用过错责任原则。

首先应当有违法事实存在，即行为人确实实施了侵扰公民公共场所隐私的具体行为，损害到他人的公共场所个人隐私利益。公民的个人隐私受法律保护，任何组织或个人不得侵害他人隐私权，行为人的侵扰行为若有损公民的公共场所个人隐私利益，当属于违法事实。

其次，行为人所实施的具体侵扰行为产生了损害结果，在客观上有公共场所隐私侵权这一损害事实发生。行为人的侵扰行为导致公民的公共场所个人隐私利益受到损害，损害结果主要在公民的精神层面。这种损害，有可能会给公民的名誉及形象带来重大影响，例如那张拍下女士被风吹起裙边后露出裙底的瞬间的照片，就有可能令该女士在公众前感到羞耻、难堪以及苦恼。同时，有时这种侵扰行为产生的损害结果，会令受害者遭受严重的精神创伤和痛苦，例如车祸现场的记录视频及后续渲染处理，足以给受害者及他人带来严重的心理打击。

再次，行为人所实施的侵扰行为与损害结果之间存在着因果关系，且应当是法律上的因果关系且是直接的因果关系，正是由于行为人的具体行为造成了公民的公共场所个人隐私权受到侵犯。

最后，行为人应当具有主观过错。行为人必须具有主观上故意侵害他人公共场所隐私权的行为，即他故意违背了有关隐私权的相关规定，实施了偷拍、窃听等侵犯公共场所个人隐私权的举动，故意侵犯他人的公共场所隐私利益，导致了公共场所隐私侵权事实的产生。另外，若行为人因过失实施了侵害公共场所隐私权的行为，无须承担法律责任，但重大过失不在此列。

所以，因行为人故意实施侵扰行为，导致公民公共场所个人隐私利益受损的，行为人应当基于自身的过错承担相应的民事责任。此外，过错责任原则以行为人的过错程度，作为确定责任形式和责任范围的依据。

2. 统一公共场所个人隐私侵权行为的司法判断标准

面对我国公共场所个人隐私侵权案件中司法裁判标准不统一的问题，笔者认为在具体判断某行为是否构成公共场所个人隐私侵权行为时，可以将隐私合理期待理论作为参考，以统一侵权行为的司法判断标准。当公民身处公共场所时，有以下几个因素会影响其是否享有合理隐私期待。

一是地点的公共性程度。在判断公民是否享有隐私期待时，实际上并不存在公共场所和私人领域间强硬的对立，而主要是程度的问题。公民会大概预估自己所处场所的公共性是否强烈，并以预估的结果为依据调整自身的行为举止。事实上，通过对所处场所内可能面临的风险进行衡量后，大部分人都不会对极小的风险感到严重的威胁，因此极少有人会在公共场所对状似侵扰的举动表现出强烈的不满。传统的隐私理论秉持着一个错误的观点，公民的隐私权要么全有要么全无，若是公民将其隐私披露给少数人，甚至是一个人，他也就完全丧失了自身的隐私权。可是，比如，公民在地铁上使用手机聊天时被旁边的乘客偷偷观察到了其私密的聊天内容，这种行为当然也会对该公民的隐私权造成侵扰，但是损害程度远远比不上将其私密聊天内容公布给社会大众。所以，当公民对自身所处场所的风险衡量后发现，可能仅仅只存在个别人有侵扰自身隐私权的可能，但他不会因此放弃公共场所的便利，而是冒着这种极小的风险进入公共场所。就像在上述的例子中，公民也会预料到有聊天内容被偷窥的可能，但是没有人能够保证不会在公共场所使用手机处理私事。这并不意味着他放弃了自身隐私权，也并没有同意社会公众对其隐私的侵犯。不过，"公共"实际上只是意味着某一事件发生在公共场所，在判断公民是否享有合理隐私期待时，除对公共程度进行考量外，最主要的还是对事件本身进行分析。在公共场所内，即使公民的某些私人信息已经被大量受众所知悉，也不意味着他完全丧失了隐私权，因为有一种情况是这些知悉信息的受众属于同一社会团体。例如整个班级的同学都对班里学生的姓名、成绩、家庭的基本情况十分了解，但也不代表学生在这些信息方面完全丧失了隐私权，而是有必要分析此时他是否还能享有隐私权。

二是信息的收集情况。行为人的信息收集情况也是影响公民是否享有隐私期待的因素之一。现代的信息收集技术十分发达，它不仅能够大量收集公民在公共场所中的言谈举止，连有些小细节也能被记录下来，而且它还能将收集起来的信息碎片整合，拼凑出公民的重要隐私信息。所以，如果行为人对公民进行长期的观察并搜集信息，很有可能会得出公民的信息集合体，从而掌握公民的行动轨迹，这便对公民的隐私权造成了严重的侵犯。在这种情形下，即使公民对进入公共场所的风险进行预估并采取了预防措施，也是远远不够的。事实上，偶然的观察行为和系统性监视行为之间存在着巨大的区别。如果行为人对公民实施系统性的监视行为，例如长期的跟踪监视，那么即使是在公共场合，行为人也是在对公民的隐私权进行侵犯。所以，若公民处于系统性监视行为中，即使其身处公共场所，一般也应当会认可其主观的隐私期待是合理的。因此，如果行为人大量搜集公民的个人信息，并进行整理汇编，形成有关公民的信息集合体，那么即使这些信息是通过公民在公共场所的言行获得，公民也享有合理的隐私期待，行为人的行为事实上侵犯了公民的公共场所个人隐私权。

三是社会规则的影响。事实上，社会规则也能保护公民在公共场所的个人隐私权。虽然难以用法律手段直接强制践行社会规则，但是可以通过这些社会性因素令公民的隐私期待发挥作用，从而保护其公共场所个人隐私权。许多社会规则都能降低公民进入公共场所的风险，比如，当公民间的距离很近时，双方应当限制自己的视线范围，以免侵犯到他人的隐私权。此外，当公民与他人共处公共空间时，与公民接触的行为人应该绝大多数都不知道对方私人生活的细节，所以实际上公民在公共场所也能够处于一种匿名状态。在匿名状态下，公民甚至愿意与陌生人分享自身的私人事务，因为他觉得该陌生人以后不会再出现在他的生活中，不会对自身的生活造成任何影响，所以会放心地透露些许个人信息。社会规则中有一条熟人间的问候规则与之相关，即公民在遇见熟人时有社交义务上前打招呼，这意味着在遵循熟人问候规则后，该公民便无法再保持匿名状态。在问候规则的影响下，公民之后很可能会被熟人观察，甚至在不知情的情形下被熟人刻意窃听信息，这大大增加了公民隐私被侵犯的风险。此时，若是熟人实施了侵犯公民隐私权的行为，也不能以公民缺乏合理隐私期待作为抗辩理由。不能因为其遵循了熟人问候这一社会规则，便让他承担隐私权被侵犯的相关风险。

所以，可以将隐私合理期待理论作为参考，统一公共场所个人隐私侵权行为的司法判断标准。在判断某一行为是否侵犯公民的公共场所个人隐私权时，充分考虑地点的公共性程度、信息的收集情况、社会规则的影响等因素，从而做出令人信服的综合性判断。

3. 完善公共场所个人隐私权立法保护

（1）完善侵害公共场所个人隐私权的民事责任。在我国，要想立法保护公民公共场所隐私权，首先需要完善侵害公共场所隐私权的民事责任，并对相关的责任进行详细规定，明确对于侵害主体进行相应的处罚。

首先，侵害个人隐私权的行为在公共场所发生时，需要及时地制止侵害人的侵害行为，并且采取相关措施以有效地阻止相关信息传播，从而最大限度地减少对受害人的损害。但是，停止侵害的责任承担方式适用范围相对较小，而且尤其只适用于将要进行或者正在进行的侵害行为，对于已经结束的侵害行为，作用十分有限。例如，在具体公共场所隐私权的侵犯案例当中，侵害人通过偷拍的方式盗取他人在公共场所走光的相关照片，当受害人发现这一侵害行为后及时责令侵害人将其偷拍照片进行删除，那么这一停止侵害行为便相对有效。如果受害人在公共场所发现个人的相关私人生活照片被其他人利用不当途径进行传播时，有权要求侵害人及时停止信息的传播，并责令其将相关信息删除，以使对自己的隐私权侵害降到最低，但是这种停止侵害的行为并不一定有效。由此看来，当在公共场所侵害隐私权的行为发生时，应及时地责令侵害行为停止进行，最大限度地保证当事人的隐私不被泄露，最大限度地减少该隐私的传播范围，减少对受害人的实际影响。

其次，停止侵害行为继续发生之后，作为受害人，有权要求侵害人赔礼道歉。赔礼道歉作为公共场所隐私权侵害后，用于侵犯公民人身权利时的一种责任承担方式，不仅有益于侵害人及时认识到自己的错误，同时也有利于减少此类侵权行为的进一步发生。赔礼道歉不仅能够为受害人带来一定的精神弥补，同时也是对不法行为人的惩罚，从而消除双方在这一问题上的对立情绪，有效化解矛盾。

最后，赔偿损失是作为被侵犯公共场所隐私权的受害人遭受隐私权损害的补救措施，其主要包含两个方面：一方面是侵害人应该承担的赔偿责任；另一方面是侵害人应该承担的精神损失赔偿。赔偿损失与赔礼道歉共同发挥了公共场所隐私权被侵害后对受害人的补偿，这一补偿不仅包括对受害人的一部分物质补偿，同时还包含了一部分精神补偿。

（2）完善侵害公共场所个人隐私权的行政责任。在公共场所个人隐私权方面的保护上，行政法规应当制定相关的实施细则，尤其是根据对受害人造成损害的程度，及时地对侵害人采取相应有效的、科学的处罚措施。

行政法规还需要针对媒体以及从事新闻工作的相关人员，在搜集新闻素材、编写和发布相关报道等各个阶段进行相应的规定，明确作为新闻媒体机构在每一个阶段所承担的责任，而且还要加强新闻媒体机构对于新闻工作人员的从业监督指导。例如，某些新闻媒体通过不恰当的方式对他人在公共场所进行采访，并未经其允许进行公开传播，作为主管机关可以按照相关的规定对此行为进行禁止，并且实施相应惩罚。

在公共场所的视频监控以及相关的安全检查过程当中，虽然我国各地已经出台了相关的管理制度和管理办法，但是这些管理办法均具有较强的地方属性，并没有形成相对统一的规章制度。法律法规需要进一步明确公共场所内视频监控的安装位置以及相关视频信息的使用主体、保管、使用规则等制度，并且需要针对一些监督不当的相关责任人进行责任追究，并进行相关处罚。法律法规还需要针对公共场所安检制度进行进一步的完善，尤其需要明确安检人员的检查方式、地点和资料保存等。这一整体性的行政法规需要在充分考量各地差异性的基础上，寻找各地在安全检查方面的统一性，尤其在与不同地方特色相关的考虑过程当中，尽可能求同存异，形成相对统一的规章制度。

（3）完善侵害公共场所个人隐私权的刑事责任。我国刑法中目前并没有涉及公共场所个人隐私权方面的规定，只是存在一些个人隐私权的间接性的保护规定。刑法当中针对个人隐私权的保护主要在于针对他人身体的非法搜查，主要包括非法搜查他人住宅、通过非法手段获取他们的个人信息等。但是在刑法中的相关罪名的规则当中，并没有侵犯他人隐私权这一罪名规则。而且在刑法当中，只有特定条件下的侵害隐私权的行为，才能够被认定为犯罪行为。随着社会的不断发展，刑法中也应当对公共场所个人隐私权的刑事责任进行明确界定，尤其针对社会当中的不同情景下的侵害行为，根据其侵害的程度、侵害的方式进行进一步的区分。

4. 完善公共场所个人隐私权执法保护

（1）建立专业执法队伍。随着社会的发展，我国在各公共场所安装了电子监控设备。电子监控设备是基于电子化和智能化的高科技设备，操作时需要有专业性的知识，而且电子设备直接关系到公共场所个人隐私权方面的问题。因此，要使电子监控设备的执法具有一定的保障，需要对电子监控设备的执法队伍进行专业训练，只有建立起具有专业性的执法队伍，才能够完善公共场所的执法任务和执法保护。

关于电子监控设备的专业性的执法队伍的建设主要体现在以下两个方面：

一方面是申请电子监控操作的相关检查人员，应当具有一定的执法资格。最好是以正式警察为基础，同时具备一定的监控设备的原理和使用相关的信息维护的基本知识，熟练设备的使用方法，以提高执法的准确率。

另一方面，需要定期对电子监控检查系统相关人员进行严格的职能考试，对于不合格的相关人员应当责令其重新培训后再次通过考试。看护电子监控设备的人员需要学习相对较多的法律知识，提升自我的法律素养的同时还能够在社会不断发展和变化过程中保障电子监控设备执法的准确性。

（2）规范"电子警察"监控模式建设。公共场所个人隐私权保护除了建立起相对专业性的执法队伍之外，还需要进一步规范"电子警察"监控的检测模式，通过相关的法律规制避免相关工作人员通过电子监控设备谋取私利。首先，电子监控系统建设应由政府直接负责，运营组织不能由私人投资建设。只有通过这样的方式，才能够从源头上规避电子警察监控设备建设的漏洞，确保电子警察监控执法工作方面的严肃性。目前，在公共场所安装电子警察监控设备并没有相对应的法律规章制度。随着社会的发展，很多单位和个人也根据自己的需要在公共场所安装了监控设备，以此产生了诸多安全隐患。因此，我国在相关的电子警察监控建设模式上应当进一步规范化，明确电子警察监控设置的目的和相关的安装机构。其次，在电子警察监控安装的过程当中，尤其需要一定的法律授权，在法律授权主体以及相关的审批备案主体上进行进一步的明确规定。最后，还要进一步考虑公共场所电子警察监控设备的效率以及具体的管理职能，通过相关的审批之后，才能够在一些特定的范围内进行安装。

第四节　具体公共场所中的个人隐私权保护问题

第三次科技革命以来，一切事物都打上了技术的烙印，而技术的发展速度甚至会使人感到恐慌，任何一项新技术的问世，都可能增加一项新的技术灾难或人文环境污染的可能性，政府用来管理社会的网络技术无疑就是这种人文环境污染的典型代表。新技术可以成为监控社会的工具，比如，双向进出的有线电视允许政府以公共利益的名义对公民进行监视。如果对信息传播技术的扩散不加限制，会增强少数人对多数人监视的概率，从而使多数公民丧失个人隐私和个人自由的权利。

一、政府信息公开下的隐私权保护问题

（一）政府信息公开概述

信息公开指的是政府通过法定形式和程序，对所掌握和拥有的信息（除涉密信息外）主动向社会公众公开或依申请向特定公民或组织公开。

政府信息公开具有多重意义和作用。在当今信息时代，信息的价值和意义难以估量，对经济和社会发展的作用巨大，充分发挥信息的效用，是政府的重要职责。推行政府信息公开，让公众了解政府运作的情况，掌握所需要的资料，是公众行使对政府和国家管理活动的参与权和监督权的前提，是民主政治的核心内容之一。"阳光是最好的防腐剂"，政府信息公开可以将政府的活动置于公众的监督之下，可以推进行政的公正，对防止腐败具有重要作用。此外，政府信息公开还具有满足公民、组织的需要，推动科学研究发展等功能和作用。鉴于此，通过立法推动政府信息公开制度已成为行政法的发展方向。

2007年国务院通过的《政府信息公开条例》规定了我国政府信息公开制度的基本原则，指出行政机关公开政府信息应当遵循公正、公平、便民的原则。公

民、组织享有平等获取政府信息的权利，不能成为少数人的特权，行政机关在公开政府信息时，应当公正、平等地对待申请人，不应当歧视或存有偏见。在信息公开时，应当方便公众，通过建立健全管理制度，提高办理效率，为公众获取政府信息提供便利。此外，还需正确处理公开与保密的关系。政府信息公开既要保证公民、法人和其他组织能够及时、准确地获取政府信息，又要防止出现因公开不当导致失密、泄密而损害国家安全、公共安全和经济安全，影响社会稳定，侵犯公民、法人或者其他组织的合法权益。基于此，政府向社会公开的信息应包括：第一，除法定的不予公开事项外，其他政府信息均应公开；第二，政府机关公开政府信息，不得危及国家安全、公共安全、经济安全和社会稳定；第三，要建立政府信息公开保密审查机制。行政机关在公开政府信息前应当依照《中华人民共和国保守国家秘密法》以及其他法律、法规和国家有关规定，对拟公开的政府信息进行审查。对不能确定是否可以公开的政府信息，应当依照法律、法规和国家有关规定报有关主管部门或者同级保密工作部门确定。不得公开涉及国家秘密、商业秘密、个人隐私的政府信息。但是，经权利人同意或者行政机关认为不公开可能对公共利益造成重大影响的涉及商业秘密、个人隐私的政府信息，可以予以公开。

以上政府信息公开的相关问题与隐私权保护问题息息相关。

（二）政府信息公开下的隐私权的特征

政府信息公开下的隐私权与民法下的隐私权存在本质上的不同，当权利出现行政化现象之后，权利主体的性质就发生了变化。

例如杨某某诉山东省肥城市房产管理局案。2013年3月，杨某某向肥城市房产管理局等单位申请廉租住房，因其家庭人均居住面积不符合条件，未能获得批准。后杨某某申请公开经适房、廉租房的分配信息并公开所有享受该住房住户的审查资料信息（包括户籍、家庭人均收入和家庭人均居住面积等）。肥城市房产管理局于2013年4月15日向杨某某出具了《关于申请公开经适房、廉租住房分配信息的书面答复》，答复了 2008 年以来经适房、廉租房、公租房建设、分配情况，并告知，其中三批保障性住房人信息已经在肥城政务信息网、肥城市房管局网站进行了公示。杨某某提起诉讼，要求一并公开所有享受保障性住房人员的审查材料信息。泰安高新技术产业开发区人民法院经审理认为，杨某某要求公开的政府信息包含享受保障性住房人的户籍、家庭人均收入、家庭人均住房面积等内容，此类信息涉及公民的个人隐私，不应予以公开，判决驳回杨某某的诉讼请求。杨某某不服，提起上诉。泰安市中级人民法院经审理认为，《廉租住房保障办法》《经济适用住房管理办法》均确立了保障性住房分配的公示制度，《肥城市民政局、房产管理局关于经济适用住房、廉租住房和公共租赁住房申报的联合公告》亦规定："社区（单位），对每位申请保障性住房人的家庭收入和实际生活状况进行调查核实并张榜公示，接受群众监督，时间不少于 5 日。"申请人据此申请保障性住房，应视为已经同意公开其前述个人信息。与此相关的政府信息的公开应适用《政府信息公开条例》第十四条第四款"经权利人同意公开的涉及个人隐私的政府信息可以予以公开"的规定。另，申请人申报的户籍、家庭人均收入、家庭人均住房面积等情况均是其能否享受保障性住房的基本条件，其必然要向主管部门提供符合相应条件的个人信息，以接受审核。当涉及公众利益的知情权和监督权与保障性住房申请人一定范围内的个人隐私相冲突时，应首先考量保障性住房的公共属性，使获得这一公共资源的公民让渡部分个人信息，既符合比例原则，又利于社会的监督和住房保障制度的良性发展。被告的答复未达到全面、具体的法定要求，因此判决撤销一审判决和被诉答复，责令被告自本判决发生法律效力之日起 15 个工作日内对杨某某的申请重新做出书面答复。

以本案来说，杨某某要求政府对廉租房住户信息进行公开，这些信息无论从民法还是公民朴素价值观上来分析，都属于是个人隐私的范围，不应该被政府以权利人的身份公开。这就是典型的公民作为权利的主体，但政府机关变成了信息的持有者和掌控者。杨某某一案中的这些信息本质上确实属于个人隐私信息，当政府机关依照职权或者依照申请公开这些信息的时候，很有可能遭到权利主体的反对和阻止。但是当这些信息被用作申请国家福利政策的条件时，就应当向社会公众公开、说明并接受公众的监督，才不至于使本不应当享受廉租房待遇的人获得这项待遇，本应获得这项待遇的人却无法获得这项待遇。

（三）政府信息公开与个人隐私权之间的冲突

知情权和隐私权一直以来就是存在冲突的，如何平衡二者之间的关系就成为政府信息公开下隐私权保护问题的关键所在。如果只注重政府信息公开，必将给个人的隐私权带来巨大的伤害；如果一味地保护隐私权，不对信息进行公开，势必导致二者失衡，达不到政务廉洁的目的。

隐私权和知情权之间的冲突根本上是隐私与公开的冲突，公民一方面希望个人信息不被泄露，保护自己的隐私，得到宁静的生活环境；另一方面又希望能探知更多的政府信息或者他人信息，以满足自己在生活和生产经营上的需要。因此，希望自己隐私得到保护与渴望得到更多他人信息之间的矛盾就不可避免。公民可以主动去探知他人的信息，也可以向政府机关申请要求政府机关配合自己行使该项权利；而隐私权则是被探知的对象，只有当知情权侵犯隐私权的时候，权利主体才能阻止他人对个人隐私的侵犯。因此，政府机关不能轻易公开与个人隐私有关的信息，以避免对个人隐私的侵害。

（四）政府信息公开要坚持隐私权与知情权的协调原则

事实上，对于如何协调知情权和隐私权是一个国际难题，以下原则可以作为解决这一问题的适当指导：公共利益优先原则、利益衡量原则、最大限度维护人格尊严原则、有限的公众合理兴趣原则、可克减性原则、程序正当原则。

其中，将公共利益置于隐私权之上是大多数国家普遍认可的规则，这一点在上述相关法律中已经得到认可，在公法中的诉讼领域和私法领域，利益衡量是确定法律优先保护哪种权利的主要标准。在政府信息公开过程中，有时会不可避免地泄露个人隐私，但应最大限度地维护人格尊严，特别是当个人隐私与公共利益、公众知情权无关时，要最大限度地维护个人尊严，即使是对待接受行政处罚的人、违法犯罪人员亦应如此。在政府信息公开中，还涉及政府官员个人隐私问题。一般来说，由于政府官员态度、行为往往涉及公共利益，其个人隐私范围会较一般人小，如其个人财产状况一般应予以主动公开，而对一般人来说则属于隐私。因此，在这方面，应维护公众对官员隐私的适当兴趣，这有助于将官员和政府置于监督之下，防止腐败现象的发生。

隐私权虽然是受到各国法律保护的基本人权，但它是一个可克减的权利。根据联合国《公民权利和政治权利国际公约》第四条和第十七条精神，在社会紧急状态威胁到国家的生命并经正式宣布时，隐私权是一种可克减的权利。至于程序正当原则，指的是行动应符合基本的程序规范，其核心思想有两点：①一个人不能在自己的案件中做法官；②任何人在受到惩罚或其他不利处分前，应为之提供公正的听证或其他听取意见的机会。以上这些原则是协调知情权与隐私权的基本原则。

在这些原则的运用方面，不同国家也有不同的倾向。如前面所说的美国和欧盟。美国由于历史文化原因，对政府侵犯个人隐私制裁比较严厉，而对非政府机构处理个人信息方面，则采用了较为宽松的方式，而欧盟则承认隐私权是一项基本的宪法权利。不过，由此也可以看出的是，在对待政府侵犯个人隐私方面，大多数国家都采取了较为严格的限制措施。

二、网络直播背景下的隐私权问题

经过多年的发展，网络直播已经逐渐融入了我们日常娱乐生活当中，网络直播也成了我们日常生活中常见的工作和生活方式。随着网络直播市场的扩大，网络直播行业也在助推着经济、文化在内的社会诸多领域向前发展，但是就在网络直播迅猛发展的同时也出现了一系列的不规范行为甚至是违法犯罪行为，网络直播中的隐私权侵权就是其中最为突出的一个问题。因此，加强网络直播中的隐私权保护力度不仅能够给网络直播行业营造一个健康的市场环境，而且还有利于维护广大网络直播用户的合法权益。但现实网络直播中的隐私权保护工作却困难重重，主要有以下几方面的原因。

（一）隐私保护困难

网络的发展把网络直播与个人隐私的矛盾推至风口浪尖，隐私权保护也逐步成为影响直播行业发展的重要因素。当公共空间遭遇"全民目击"，居民的个人隐私谁来保护？这个问题值得全社会探究。网络直播已经成为当下最热门的信息传播途径之一，它是时代的产物，但也是一把双刃剑，它必须被置于现代化的管理制度和规范约束之中。否则，很难避免这台高速运转的机器不会异化为吞噬人类尊严和隐私的怪兽。如何在一个网络直播全覆盖的环境中保护个人信息安全，是如今全社会需要探讨的重要议题。

综观全球网络信息安全管理做得比较好的国家，认真解决制度问题，构建多层次、多角度的法律法规和标准体系，是其共同的做法。各类网络平台在直播过程中，对公民个人信息从制作到浏览、修改、传输、分发、存储、销毁等各个环节，都有着细致的规范和标准。同时，随着安全要求的调整，还应定期或不定期进行更新与修订。基于个人隐私对个人生存、发展所具有的特殊意义，个人隐私安全应当成为在网络直播、视频监控全覆盖全面推进之际，一个受到更多关注和重视的议题。因此，面对技术进步，在合理使用技术的同时，还要看到技术对人的权益的侵蚀，从而制定严格的网络直播布控规则，不能让任何直播装置成为隐私的侵权黑洞。这既要从技术上着力，也要从管理上寻方，更要司法机关在处置过程中体现捍卫隐私的决心。比如，在某网络企业涉嫌侵犯用户隐私的事件中，虽然该企业迅速站出来否认，但这种自证清白的做法显然无法令人信服。有关部门应主动介入调查，彻底还原真相。如果确有侵犯隐私现象，对负有相关责任的企业应严惩不贷，而更进一步的管理，则是对公共场所的网络直播设置规则，明确技术标准，严格管理程序。公共场所的网络直播设备则要定期接受有关部门的技术检测。

网络直播视频设备关系着公共场所的隐私权应当怎样保护的问题。从理论上来讲，人格权的适当克减是符合法律要求的，即在特殊场合，为了公共利益，可以对自然人的隐私权适当地进行限制。维护公共利益安全的直播功能和作用，在不涉及侵害隐私权的前提下，是应当鼓励的。但是直播中把摄像头放到餐厅直播就餐的每一个人，这是与公共利益无关的私人活动，涉及隐私权的保护问题。在直播平台明确提示不能侵害他人隐私权的前提下，使用设备直播的用户没有按照正确的方法去使用该设备，故意使用直播平台把隐私活动直播出去，就侵害了他人的隐私权，产生了侵权责任。同样，因为个人疏忽利用直播平台直播了他人隐私，也构成过失侵害隐私权。对侵害公民个人信息的行为，《中华人民共和国网络安全法》明确了相关责任及惩处标准，接下来就要看执法的日常落地。一方面，保护公民隐私、约束网络直播不能仅靠网络直播平台自律，有关部门方面要加大对网络平台的监管和问责力度；另一方面，对侵犯个人隐私的行为要提高违法成本，从刑事责任和民事责任两方面加大惩处，才能构建起更为严密的公民隐私保护网络。

（二）对被侵权人的举证要求过于严格

《中华人民共和国民法典》中明确提出了侵害他人隐私权应当承担侵权责任，同时在本法第一千一百九十五条中对网络侵权责任也做出了相应的规定。在面对网络直播中的隐私权侵害时，权利人为了维护自己的合法权益，可以依据《中华人民共和国民法典》第一千一百九十五条，向网络直播服务平台发出通知，让其停止侵权的网络直播活动，除此之外被侵权人还可以向法院起诉，以诉讼的方式维护自己的合法权益。权利人通过"通知删除"的方式让网络直播平台采取切断直播或者打码模糊处理等保护措施，其主要是根据《中华人民共和国民法典》一千一百九十五条中的规定：网络用户利用网络服务实施侵权行为的，权利人有权通知网络服务提供者采取删除、屏蔽、断开链接等必要措施。本条为网络直播中的隐私权被侵权人提供了一条快速的救济途径。

由于网络直播具有快速传播的特点，当权利人采取"通知删除"方式不足以弥补自己的损失时，网络直播中的隐私权被侵权人还可以通过诉讼的方式来维护自己的合法权益，然而要想通过诉讼的方式解决侵权问题，被侵权人就必须进行举证，对于诉讼中的举证要求，根据《民事诉讼法》的规定，在一般的侵权案件中，对于举证责任的要求是"谁主张，谁举证"，适用的归责原则是过错责任原则，而网络直播中的隐私权侵权案件也属于一般侵权案件，所以网络直播中的隐私权被侵权人在诉讼中如果主张自己的权利被侵犯，那么被侵权人就要承担网络直播中的隐私权被侵犯的举证责任。对于被侵权人来说，要想让自己的诉讼请求在诉讼中获得法院的支持，就必须要有充足的证据来支持自己的主张，而证明侵权行为存在的侵权直播视频材料就是其中必不可少的同时又是举证难度较大的一项证据。基于网络直播的特殊性，虽然在网络直播中的隐私权侵权人是网络主播，但是侵权网络直播却是通过网络直播平台对外传播的，根据《网络直播服务管理规定》要求，网络直播平台应当对旗下主播的直播内容予以保存。也就是说，网络直播平台掌握着网络主播在直播中实施侵权行为的视频资料，被侵权人要想获得侵权行为的视频证据资料，就需要向网络直播平台提出申请。

网络直播平台获取收益的主要方式就是依靠主播在直播活动中的节目内容来博取大众的关注，并以此带来流量获取收益，如果主播在网络直播中实施了隐私权侵权行为，并且为网络直播平台带来了巨大的收益，这时网络直播平台对侵权行为的视频资料就不会轻易地向外界提供或者直接选择违反相关规定将侵权直播的视频资料予以删除，这时如果被侵权人向网络直播平台申请提供侵权视频材料，网络直播平台可能就会拒绝提供相关视频材料或者对被侵权人提出其他有偿要求用以换取侵权行为的视频证据资料，这对于被侵权人来说无疑增加了他们的举证难度和诉讼维权成本。正是由于网络直播的这种特殊性使得正常的举证要求对于网络直播中的隐私权被侵权人来说就显得过于严格，而面对这种情况，一些权利人由于无法取得证据材料就会选择放弃诉讼维权。

（三）网络直播具有狂欢特色

网络直播中的狂欢特色既有一种目前较为明显的直播现状特色，也有一定的理论来源，该理论主要来源于苏联学者巴赫金在 1929 年提出的"狂欢理论"。

1. 狂欢的起源与发展

"狂欢"作为一种文化现象由来已久，产生于西方，最早可追溯至古希腊文明时期的节日。节日期间，人们戴上面具载歌载舞，把酒言欢，进行情感的宣泄和放纵。随着时代的更迭，狂欢在中世纪主要体现在狂欢节的活动中，人们在这场节日庆典中打破等级秩序，突破身份、地位的约束，相聚在狂欢广场上，以一种与现实世界截然不同的状态对抗权威，暂时性地摆脱传统的桎梏，获得片刻的解放和自由。到了浪漫主义时期，狂欢中的全民参与性被重视起来，歌德认为"狂欢节并非是给人们规定的节日，而是人们自己为自己创造的节日"。巴赫金以中世纪的狂欢节为依据，提出了"狂欢理论"，为狂欢进行了系统的阐释。巴赫金笔下的狂欢产生的前提是"两个世界、两种生活的划分"，强调的是对权威等级的颠覆，主张平等的对话精神，崇尚交替与变更、自由与包容。

随着工业社会的到来，个体的集合成为"乌合之众"。这时候人们的个人思想不再鲜明，而是陷入一种"群体思维"与"群体心理"，产生无意识的人格。人们在这种环境中，基本丧失了独立思考和判断的能力，变得冲动、急躁和易变。于是，狂欢在这个时代呈现出群体性的特征。大众文化为群体创造了狂欢广场，狂欢在大众文化的支持下得以延续和发展。值得注意的是，群体的强大性让这个时代的狂欢影响力和传播力不断增强，更具规模和力量。

现如今，狂欢的演绎场所已经由现实场景转移到互联网虚拟空间。网络技术的普及让更多的人以更多的形式参与到狂欢之中，因此，狂欢的场面变得更加恢宏盛大，狂欢的内容也就更加多样。除了延续部分先前时代的狂欢特点外，网络空间构建虚拟狂欢场景，拓宽了狂欢的情景。网络直播、短视频、社交平台等互联网产业的发展也赋予了狂欢更多的形式。互联网时代的狂欢可以打破时空的界限，带来超越现实的刺激与满足，让人更加沉迷。社会变迁，时代更迭，狂欢的形式在不断地发生改变，但其精神内涵却始终一脉相承，绵延不绝。未来，在制度规范的约束下，正确价值观的引领下，狂欢或将更好地回归理性，成为一种更为普遍的文化现象，传递平等与自由。到那时，人们追求的也不再是过度的狂欢，而是继承狂欢中"消除尊卑、平等、交替与更新"等优秀精神内核，推动自身与社会不断向前发展。

2. 网络直播中的狂欢特征

（1）去中心化的狂欢：平权与无序共存

网络直播的发展打破了传统媒介的精英属性，新媒介面向更广泛的阶层和群体，造就了"处处是中心，无处是边缘"的局面，也让网络直播中的狂欢自然而然有了去中心化的特征。

在电视直播中，"中心"高高在上。设备的操作需要专业性来支撑，普通人无法涉猎；主持人或者采访对象是主角，直播的选题、内容、形式也是由权威决定，人们只能选择"看"或"不看"，并没有选择"看什么"的权利。而在网络直播中，操作技术简单，人人都可自由接入直播；个体具有自主性和选择权，每个人都可以以自我为中心构建个人直播间，展示自己擅长或感兴趣的事物，获得社会认同。技术的平民化打破传统的"中心"，"泛中心化"现象形成，从而造就了网络直播这场草根阶级的狂欢盛宴。

与此同时，传统的体系规范被打破和重构，新的社会新规尚未完善，直播间中的狂欢在某种程度上处于一种无序的状态。网络直播用户是一个个分散的个体，每个人都有极强的个人主观性，依托匿名性以自我为中心参与网络直播。这让网络直播中的社会管控和规范极难操作，从而形成一种"群魔乱舞"的狂欢。

（2）即时互动的狂欢：零时差的反馈与审核的缺位

在技术的加持下，网络直播中的狂欢有了区别于传统直播狂欢的突出特征——即时互动性。随着光纤的应用，宽带的增速，用户几乎可以无时差地观看在线直播，进行即时互动和反馈，不再像观看短视频、图文信息那样，看到的基本都是博主策划、编辑过的内容，粉丝只能在评论区留言，具有滞后性。当下的网络直播也可以称为移动视频直播，是传统电视直播与广播直播的继承和发展。但与之不同的是，移动视频直播的用户在观看的同时可以通过评论、弹幕、打赏等方式与主播进行实时的互动和反馈。观众不再是单向地接收主播传递的内容，感受延时的狂欢，而是可以主动地向主播提问，表达自己的观点，体验即时的互动狂欢。

人们在直播间一来一往，即时交流，但是人工审核的力度与机器审核的完善程度远不及人们发送信息的速度。用户的主体性在直播狂欢中被放大，个人主义与非理性行为因为缺乏审核的监管而愈演愈烈，最后使得偏离道德规范、缺少社会责任感的内容在直播间层出不穷，造成狂欢失范。

（3）拟真的沉浸式临场狂欢：虚拟与现实难以区分

直播为用户搭建了一个虚拟却真实的场景，让用户有了真实的临场感，从而带来沉浸式的狂欢体验。这也是网络直播狂欢所独有的特征之一。

所谓"沉浸"，就是指人们专注于当前的情景下所享受的愉悦和满足，而忘记时间流逝与真实世界情景的一种状态。为了模拟真实的人际交流模式，网络直播提供了多种互动模式，例如弹幕、连麦、打赏等。这些具有趣味性的互动模式吸引了用户表达自我、获取关注。观众通过评论抛出自己的观点，与之互动的并非只有主播一人，其他观众也可以通过弹幕或评论的形式予以回复，这使得用户获得多方关注，收获融入群体的满足感。除此之外，所有的评论内容和弹幕信息都会实时呈现在公屏上，文字、声音、画面共同烘托了热烈的氛围，吸引了更多人参与其中，从而构成更具沉浸感的狂欢体验。

但是，过于真实的沉浸式体验也会逐渐瓦解人们心中虚拟与现实的边界，造成意识上的错位和现实身份的缺位。技术带来的拟真体验让人们暂时逃避了现实的困境，虚拟空间中的满足感、愉悦感乃至社交关系的易得性让网络直播成为人们寻求他人认同和自我认同的重要工具，渐渐遗忘现实生活的真实境况，长此以往形成了错位的狂欢。

3. 网络直播中的狂欢现象容易侵犯个人隐私权

网络直播让人们聚集起来，在直播间里观看多元化的精彩表演，实时参与，即时互动。互联网技术的发展拓展了狂欢场景，让其没有时间与空间的限制，也没有上级权威的管制，观众可以自由地切换直播间，选择自己感兴趣的内容。人们不停地穿梭在各个直播间中，享受丰富内容带来的填充感，变成了网络直播中的狂欢者。加拿大社会学家戈夫曼在拟剧理论中提出了"前台"与"后台"的概念，他认为社会生活犹如一个大舞台，但是这个舞台有前台和后台之分，每个人在后台做好准备工作，在前台演绎精心设计和包装好的自己。后台的内容是私密的，是自发性主我的流露，前后台是不能颠倒的，在不同的位置要表现出相对应的行为。而开放性的直播场景为观众和主播在虚拟空间的狂欢提供了广场，补光灯下的个人直播间犹如时空一体化的狂欢舞台，人们在其中进行表演，肆意表达。值得注意的是，直播间的场景，已经模糊了前后台的界限，形成了后台前置的现象。

直播拓展了个人行动的"虚拟场"与"现实场"，直播之下的身份与现实也许限制了个体的实践，但走上直播的"前台"，个体行动的维度被大大拓宽了。以吃播为例，吃饭在现实生活中是极为私人的行为，人们通常会在家与家人共进晚餐，又或者是在外与朋友聚餐，其间进行着亲密会话和交流。但是当吃饭这一行为被搬到直播间时，这一场景的性质就发生了改变，吃饭不再是一项具有私密性的行为，而是主播为了个性化展示而进行的表演。本该处于后台的内容，却被呈现在了前台，这其实是主播为了吸引观众而刻意为之。当后台行为被曝光时，主播为观众构建了贴近生活的私人场景，为自己树立了平易近人的人设。场景的弥合，让人们得以在前后台尽情切换，成功收获了基于场景的适配服务。

与此同时，后台前置也激发观众的窥私欲望。受客观条件的约束，人们无法在现实生活中满足自己内心深处窥探他人隐私的欲望。但是在网络直播的场景中，主播会为了得到关注而故意将隐私暴露至前台，将现实生活中无法呈现的后台内容转化为虚拟信息呈现在虚拟的直播间。前后台信息发生了混合，观众在直播的沉浸式场景中收获了窥私的快感，肆无忌惮地在弥合的场景中狂欢，助长了网络直播的不良风气，带来了严重隐私侵犯问题。

在此背景下，直播平台和政府网络环境监管部门一定要切实履行职责，净化网络直播空间，设置相关制度要求，坚决保护个人隐私权。同时，直播者和直播观众也要严格规范自身行为，严格遵守法律和网络规范，避免造成侵犯他人隐私的后果，积极打造健康、多元、包容的网络直播空间。

（四）违法成本远低于高额利润

在现实生活中，一部分不良的网络直播平台在收到权利人通知后，会通过各种理由搪塞权利人，从而达到不停止或不迅速停止侵权直播的目的，而网络直播平台这样做的主要原因就是想通过这些侵权直播继续获利。虽然对于网络直播平台来说面对权利人的通知如果不及时停止带有侵权内容的直播活动，将会面临被权利人起诉的风险，但是与败诉后其需向权利人所付的赔偿数额相比，侵权直播所获得的收益要大得多。同时在面对严格的举证要求和所获赔偿较少等因素，权利人很可能因为诉讼成本过高而放弃诉讼维权。由此可见商业利益才是真正的幕后推手。当侵权违法直播的收益远远超出违法赔偿数额时，部分不良网络直播平台就会放任或包庇网络主播实施侵权直播。

网络直播绝大部分都是采用网络主播与粉丝之间的互动并以此获得收益的商业运营模式，网络直播平台旗下如果能够拥有一个或多个网红主播，那么这些网络主播会为网络直播平台带来巨大的流量，可以说一个出色的网络主播是网络直播平台收益的保障，对于粉丝群体来说如果主播离开某个直播平台，他们也会追随主播去新的网络直播平台。面对这种情况，就算网络主播在直播时有出现侵犯他人隐私权的情况，部分直播平台也会为了该主播所带来的巨大收益，选择对主播给予较轻处罚，甚至为了保护侵权主播，会选择不追究其责任。在面对有关部门因平台管理不力而对其进行处罚时，网络直播平台也会主动认罚，因为无论是管理部门的处罚还是诉讼赔偿，这些数额都远远小于侵权直播带来的收益。

（五）网络直播缺少统一的监管主体

目前，针对网络直播中的隐私权侵权的监管主体主要有互联网信息办公室、通信管理局、文化和旅游部等多个部门，《互联网直播服务管理规定》中明确国家互联网信息办公室负责全国互联网直播服务信息内容的监督管理执法工作。地方互联网信息办公室依据职责负责本行政区域内的互联网直播服务信息内容的监督管理执法工作。通信管理局以《中华人民共和国电信条例》作为执法依据，对辖区内的网络直播进行监管，对于网络直播中出现的侵权直播，通信管理局也有权进行监督管理。公安部门依据《计算机信息系统安全保护条例》《治安管理处罚法》等，对在网络直播中出现的侵权违法行为进行监督管理。文化部（现文化和旅游部）在 2016 年 12 月发布的《网络表演经营活动管理办法》中明确规定，对网络直播活动，各级文化市场综合执法机构和文化行政部门要加强监督和管理，对侵权违规网络表演依法予以查处。县级以上文化行政部门或文化市场综合执法机构，根据查处情况，实施警示名单和黑名单等信用管理制度，及时公布查处结果，主动接受社会监督。

从上述分析可以发现，我国对网络直播中的隐私权侵权的监督管理有多个监管主体，然而，虽然多个监管主体都具有对网络直播中的侵权行为的监督管理权限，表面上形成了全方位的监督管理，实际上在实践中经常会出现由于职权冲突导致的监管重复或者权力扯皮的现象，反而不利于对网络直播中的侵权行为的监督管理。例如，对同一个网络直播中的侵权行为，多个监管主体都有权行使监督管理职权，而各部门之间由于职权出现冲突，可能会导致要么各部门一起监管，造成监管过度，从而影响网络直播市场的正常发展秩序，要么在出现问题时相互之间推诿责任，造成无人监管的局面。而现阶段面对这种情况并没有一个协调解决机制，来解决各个监管部门职权冲突的问题。

综上所述，众多的监督管理主体容易造成监管职权冲突，当各监管主体之间出现监管冲突相互推诿责任时并没有相应的协调解决办法，而导致这一情况出现的主要原因在于缺少统一的监督管理主体，相较于多个监督管理主体而言，统一的监管主体可以有效避免由于职权冲突和缺少协调办法等原因造成的监管弊端。随着网络直播行业的快速发展，网络直播的观众人数不断增加，网络直播中的隐私权侵权行为也会增加，多个监督管理主体之间的监管重复和权力扯皮等现象也会越来越多，而这一情况的出现势必会削弱对网络直播中的隐私权侵权问题的监督管理效果。

（六）行业自律机制缺乏强制执行力

为了能够让网络直播行业在健康有序的环境下发展，行业组织有必要为其制定相应的行业自律公约让其内部成员遵守，以保证网络直播行业在一定程度上的自我约束。对于网民反映较多的网络直播侵权违法行为，北京市网络文化协会偕同新浪、优酷等多家网络直播平台共同发布了《北京网络直播行业自律公约》，由于在网络直播中经常出现如进入高校女生宿舍偷拍、直播顾客泡温泉等侵犯隐私权的事件，因此在公约中明确提出，如果在网络直播中有违规侵权内容，应该对主播给予封号停播或警示罚款等处罚，同时做出了 18 岁以下的未成年人不允许做主播的规定。

由于网络直播平台和主播是一个利益共同体，主播在网络直播中实施侵犯隐私权行为后，首先要由直播平台对其进行处罚教育，而在处罚时，直播平台难免会在主播的创收与停播后给直播平台造成的损失之间进行利益权衡，在这种情况下，由于《北京网络直播行业自律公约》并不具有法律约束力，因此网络直播平台在该公约的具体执行方面很有可能不顾自律公约的要求，选择对侵权主播较轻的处罚或者以各种理由使主播逃避处罚，以此来维护网络直播平台和主播的共同利益，而这种情况也会使得同一个公约在内部成员之间的执行效果上出现不同。

虽然《北京网络直播行业自律公约》制定的初衷是为了规范网络直播行业的市场秩序，但由于该自律公约只是行业内部规定，并不具有法律约束力，在执行方面又缺乏有力的监管，就会导致在网络直播中出现侵犯权利人隐私权的事件时，自律公约中的相关规定无法得到有效的执行。

针对上述这些状况和问题，笔者有以下几点建议来规范网络直播行为。

第一，建立健全隐私权法律保护机制。

目前在中国，互联网隐私权只受到间接保护，缺乏完整的法律。随着自媒体时代的到来，维护公民在互联网上的隐私权益会变得更加困难，必须改变。

1. 阐明个人信息的法律地位

隐私权应定义为个人的独立权利，并且应定义隐私权的法律概念、侵权形式和补救措施，否则执法人员或司法行政人员难以适从。只有将对隐私权的保护提高到法律层面，才能凸显隐私权的地位和价值，及时有效地保障和保护权利主体的合法利益。因此，隐私权法律地位的基本清晰度以及直接保护办法不仅有助于提高权利主体对保护自身权益的认识，而且也有助于有效地惩罚违法者，符合国家立法的方向。

2. 自媒体时代制定隐私保护法律已成为国际立法中的一个趋势

在我国，与保护网络隐私有关的最低立法和条例主要是公共安全、信息、工业、文化和其他部门的行政条例，应当建立一个自上而下针对网络隐私权的法律保护制度，以弥补互联网上对收集、储存、传播、修改和删除个人信息的隐私权方面的空白。与此同时，鉴于网络空间技术的特殊性，需要制定具有前瞻性的立法，以应对网络空间快速发展所带来的新问题和矛盾。

3. 完善隐私权和其他相关法律

与隐私权有关的保护不应仅限于民法或特殊保护法，而应与其他有关公民隐私权的法律法规相辅相成。由于大多数自媒体用户缺乏法律意识，在线侵犯隐私权的大多数证据是电子证据，因此难以完善与隐私权有关的程序和证据法律，无法在线确认法律法规在司法实践中的可行性和可操作性。因此，有必要完善相关的程序法和证据法，以确保法律在司法实践中的可行性。作为保护公民权利的最后一道防线，刑法应涵盖侵害网络空间的犯罪，以便最大限度地保护公民的电子隐私权。政府在维护互联网用户隐私方面也发挥着不可或缺的作用，因此，加强政府在行政法中的责任同样至关重要。

4. 增强法律法规的技术性

鉴于自媒体的特殊性，立法者必须将立法与技术结合起来。如果不将立法和技术结合起来，网络法律与网络现实之间就必然会出现某种脱节，立法者懂法律不懂技术，而掌握技术的人不懂法律，挂在书架上的法律缺乏运作能力，大大削弱了受害者寻求司法补救的能力。因此，应当注意加强立法者和技术专家之间的沟通，并在立法中加强技术手段，以便制定适合其发展规律的法律。

第二，健全自媒体时代网络直播中公民隐私权的监管机制。

由于互联网的虚拟性和技术特点，互联网用户控制隐藏的侵犯其隐私的能力有限，而且缺乏保护他们的法律条例，使得个人难以在网络隐私受到侵犯时维护自身的合法权益。目前，政府往往被要求保护互联网上的个人隐私，为违法者提供补救。因此，虽然法律没有及时修订，但政府部门本身必须承担更多的责任。

1. 坚持行政法治原则

政府主要通过采取行政措施来保护个人信息。根据行政法原则，必须事先在法律中规定政府拥有该权力，例如罚款、个人信息安全检查和工作限制等。此外，需要明确的是，只有在网络隐私不受传统侵权法保护的情况下，或者在网络隐私可以得到保护但成本过高的情况下，政府才能进行补充干预。

2. 遵守公开和保密的原则

政府作为监管机构，为了维护社会和人民的利益，可能需要收集个人信息存储在互联网数据库中。这要求政府在公开收集个人信息之前，必须告知人们收集哪些信息、收集这些信息的目的，以及公民个人获取这些信息的权利和程序等。此外，网络上无处不在的风险使这些数据库的安全性受到质疑。所以，在收集个人信息时，政府不仅要让人们了解自己的隐私保护状况，还应该采用新的安全技术和方法，增强网络安全性，增强公民个人隐私的隐秘性，维护个人在线隐私数据的准确性和安全性。

3. 建立检查监督制度

普通的民事权利保护行为大多是事后救济。当事人在得到法律保护之前往往已经遭受了精神侵犯。这种精神损害很难用金钱赔偿等民事救济手段来弥补。对于网络隐私权的保护，政府可以及时发现问题，在侵权发生之前，通过事先的检查和监督，将侵犯网络隐私权扼杀在萌芽状态。

4. 政府支持和发展有组织的自律措施

通过自我控制措施，控制自己的个人数据收集和交易，逐步树立正确的网络伦理观，加强对未成年人网络隐私的保护，提高未成年人保护网络隐私的能力。加强对广告公司、网站等自媒体平台的管理，严厉打击网络不良广告行为。

三、网络监视场景下的公共场所隐私权保护问题

隐私权的保护问题不仅是一个法律层面的问题，还涉及自我意识的觉醒程度，一个社会对隐私权的重视程度体现了其总体发展水平。

随着现代社会越来越规范化，人们意识到自己的社会角色不仅仅是观看者，而且是被观看者，甚至是被监视的对象。从社会学角度出发，规范化的监视方式

可以从"圆形监狱"模式体现出来。启蒙时代的英国实用主义哲学家、社会理论家边沁发明了一种机构化大楼的模型，在理念上允许一个观察者自上而下地监视机构中的所有人，而下面的人无法看到上面，也无从知晓自己是否被监视。边沁的设计可以运用在医院、学校、工厂、看护所，特别是监狱这类需要监管的地方，因此，这种完美的监视模式通常被称为圆形监狱。在这一模式下，每个犯人都处在不断地被观察、被监视之中。由于高塔顶端会放射出明亮刺眼的光芒，监视者是隐蔽的，处在下层的被囚禁者只能在高塔之下和牢房之间活动，无法看到上层的监视者。即便塔顶没有人，被囚禁者也无法得知他们是否被监视着，他们最后会习惯于这种监控，以至于患上强迫症，即便无人看管，也会不时地自我检视。边沁形容圆形监狱是"一种新的、获取心理控制权的心理模式"。它严密得无懈可击，使得身在其中的人无处可逃。尽管边沁的"圆形监狱"模式在理念上流传甚广，对现代监狱的设计也有过广泛影响，但是由于技术上的难度和非人性化监控的严酷性，"圆形监狱"作为一种建筑设计方案在现实中从没有真正实现过。20 世纪以来，最接近圆形监狱的监视模式被认为是用于监控的闭路电视，只是它并没有呈现为建筑结构。

但随着科学技术的不断进步，尤其是视频监控技术的成熟，公共场所的监控录像已经存在于人们广泛的日常生活之中，并且极易导致个人在公共空间的某些隐私利益的丧失。因此，关注网络监控场景下的公共场所隐私权保护问题刻不容缓。

我们不赞成在公共场所完全禁止安装摄像设备的做法，但认为使用时要加以区分。此外，在具体立法时，应注意解决好以下问题。

（一）安装主体

如果对在公共场所安装摄像设备的主体资格和安装的必要性缺乏规制，对在公共场所安装监控设备的行为不加以必要的限制，任由一般主体安装，势必会对公众的基本权利造成恣意侵害。因此，必须从法律上明确安装主体的资格条件，以及安装目的的正当性，且应由有关部门进行审批或监管。因此，立法上应明确规定安装主体的资格条件并授权特定部门对之进行严格审批和监管。至于应授权何种机关进行审批和监管，各国的做法并不相同。有政府主管机关监管的，也有立法部门审批的，但多数国家或地区倾向于授权警察机关具体负责该事项。

首先，设置在公共道路、公共广场这些完全公开场所的摄像设备必须由政府来安装和运行，因为这些完全公开场所通常涉及重大社会安全利益，政府作为公共服务之主体，应承担此一重大责任。同时考虑到并非所有公开场所都有监控的必要，因此还需通过权衡社会安全利益与个人隐私利益来考虑安装摄像头的必要性。其次，对于医院、教室、商场等非国家公有的特定或不特定人出入的场所，须经过严格审查并明确其安装的必要性之后，由政府或政府授权或委托给其他单位进行安装和监控，但被授权或委托者须属于具有公共职能之组织或个人。最后，其他任何人都不得在公共场所私设摄像头。

在对安装主体和安装必要性的论证上，可通过行政许可的程序来完成。行政许可的过程中，须考虑以下重要因素：一是安装的目的是否出于对重大社会公共安全或者其他重大社会公共利益的考量；二是实施摄像监控可达到的社会公共利益是否高于摄像监控可能侵害到的个人利益。

（二）安装场所

前文已经对公共性空间的概念进行了澄清和界定。笔者认为从公共性程度可以将各种场所归为三大类：完全性公共空间，诸如公共马路、公园等；半公开性场所，诸如教室、办公室、学校图书馆等；完全私密性场所，如住宅、租住的房屋、暂时居住的旅馆房间等。

对于摄像设备的安装，首先，完全私密性场所绝对不允许他人进行任何安装，否则其性质如同侵入私宅。因此，除非为侦查刑事案件或国家安全案件的需要，具备合理性理由且事先获取搜查令，才可在住宅类的完全私密性场所中安装监控设备。其次，完全性公共空间原则上允许安装监控设备，但不可随意实施。

如我国台湾的有关规定，只在"经常发生或经合理判断可能发生犯罪案件的公共场所或公众出入的场所，为维护治安，必要时，需协调相关机关（构）装设监控设备，或以现有的摄影或其他科技工具搜集资料"。该规定第九条也明确只有当公共活动对公共安全或秩序有危害之时，于该活动期间，得予摄影、录音或以其他科技工具，搜集参与者现场活动资料。最后，半公开性场所属于具有中等隐私期待的场所，且此等场所通常不如完全性公共场所那般涉及重大公益，同时，由于摄像监控的方式具有侵害性，因此原则上不允许安装，但其限制可略松于完全私密性场所，须经过严格审查，权衡社会公益和个人利益并明确其安装摄像头的必要性，但其主体仍应限于政府，或受政府授权或委托的公共职能的组织或个人。

（三）妥善保存、保密资料

在公共空间下，路人对我们的观察并不可怕，因为这种注视只是短暂的，况且，被观看后留在他人脑海中的记忆之后会慢慢消退，逐渐模糊。然而摄像头进行的是长时间的观察和清晰的记录，且这种记录保留时间较长，多年以后仍能清晰地再现和放大，因而对人们的隐私权构成重大威胁。此外，由于记录长时间存在，这期间很可能会出现被误用或滥用的情形，导致本人的记录被不合适的人看到，进而可能引发不良后果。

鉴于目前我国对摄像资料的使用和保存尚无任何相关立法予以规范，笔者认为，首先，对摄像资料的使用必须确保使用目的的正当性，以防公权力恣意滥用而对公民造成不必要的侵害。其次，应对摄像资料进行妥善保存和保密，并在没有保存必要时及时予以销毁。

因此，应当妥善保存、保密监控所获资料和信息，并保证监控所获资料使用的合法性和合理性。公共场所的监控设备不是供人满足好奇心理的私人摄像机，更不是买卖监控资料获取不法利益的工具。如果公共场所的监控设备被滥用，监控资料被泄露出去，侵犯了个人隐私，那么监控设备应有的功能，即守护公共秩序的安全，将大打折扣。如何让监控设备"被监控"起来，一方面需要管理监控设备的人遵守相应的职业道德，合法合理地管理监控设备来履行自己的职责；另一方面对于监控资料的存放、使用和管理应当有严格的规范要求，防止个人滥用。

（四）监视技术

在公共空间中，尽管每人的面部天天暴露于公众视线之下，任何人都无法合理期待自己的脸像谜一样面对世界，而一般大众通常也无法得知某路过的人是谁，即使偶尔作为他人照片的背景被拍摄，也无伤大雅。但是利用摄像头的脸部识别技术，并结合计算机数据库就可以轻易确认某人身份。这个身份辨别的过程，主要由两部分行为组成：一是利用高清晰度的脸部特征摄像技术，细致地拍摄下个人脸部特征；二是将影像资讯通过与计算机数据库对比，从而确认某人身份。前部分的拍摄行为，就像路人用高辨析率数码相机进行拍摄那样，由于脸部影像持续暴露于公共空间，因此无所谓侵犯隐私权。问题在于取得影像资讯后所进行的身份确认行为，影响到了个人在公共空间下所具有的"个人身份不为他人所知"的匿名性隐私权。

再者，一个人处于公共场所时，其他路人可以观察他甚至在不经意间听到他与别人的谈话，以致他无法拥有合理的隐私期待。然而，如果利用高倍对焦放大摄像头远程读取他正在阅读的信，或者利用高倍录音器对其悄悄对话进行远程录音，他便拥有合理的隐私期待。因为后者的"视力"和"听力"已非一般路人所能及。对此，我们没有理由将责任归咎于当事人的鲁莽大意——他们居然在公共空间下阅读私信，以至于放弃了自己的隐私。因为即使身处公共空间，人们仍不丧失其对隐私、安全、尊严等价值追求的权利，这些价值正是自由社会区别于专制社会的重要基础。

因此笔者认为，除非基于重大公共利益的优先考量，否则在公共空间下利用摄像技术对一般公众实施身份查证行为，或者利用高倍放大镜和高倍录音器远程查看和聆听某人不欲为公众所知的内容，以及利用其他各种尖端技术获取非公众能力所能感知的内容，就没有太大的必要性。否则，就有违反原则而干扰个人隐私权之嫌。例如，查证身份是基于国境检查的目的，或者在于确认某一已发生重大损害后果的应受行政处罚的对象，此时就有维护公共利益或维持法律秩序的需要。但是如果其目的仅在于预防一般行政违法行为，而对摄像头之下所有人实施身份查证行为，那么势必将加大行政公权力恣意滥用的可能，同时亦减损个人隐私权益。

第六章 电子商务中消费者的隐私权保护

第一节 电子商务中消费者的隐私权综述

比尔·盖茨曾说：21 世纪，要么电子商务，要么无商可务。这句话预言般准确地描述了电子商务的发展现状及发展态势。我国电子商务产业发展时间虽短，但近年的发展却是惊人地突飞猛进，其对经济社会的影响也日益广泛和深刻。当各大电商企业及平台越来越多地充斥在我们生活中，甚至许多传统的线下行业也都纷纷转战电商领域，电子商务的上游、下游等行业，如物流、支付等也因此如火如荼地发展起来。据商务部门统计，早在 2015 年我国电子商务交易额就已经约 20.8 万亿元，同比增长约为 27%，电子商务交易市场规模跃居全球第一，目前我国已经毫无疑问地成为全球最大的网络零售市场。可以看到，电子商务已切切实实地深度融合在我们的日常生活中。但不可忽视的是，网络影响了人们的消费习惯，打破传统商务活动的时空限制，消费者隐私不再拥有时空屏障，互联网的虚拟性、开放性、匿名性的特征以及消费者对个人信息的保护能力不足让电子商务经营者搜集、传输消费者的隐私变得轻而易举，在无形中掌握了消费者个人的大量信息。在电子商务环境下，防不胜防的跟踪软件、名目众多的资料登记，使个人信息在互联网平台上通过各种途径被企业或黑客掌握，很大一部分商家美其名曰为了作为商业数据分析以利于进一步开拓市场，也有的商家因为没有采取妥善的管理技术措施使消费者个人数据信息遭到窃取，还有一部分消费者个人隐私被明码标价作为交易对象。消费者的私人空间领土大面积地被抢占，个人隐私一触即溃的例子不胜枚举。因此，目前必须关注电子商务时代消费者的隐私保护问题。

一、定义

电子商务中消费者隐私权并不是一个法定术语，而是基于消费者隐私权概念在电子商务这一特定环境下予以衍生的一个新概念。

我国 2010 年在《中华人民共和国侵权责任法》中首次正式用法律形式将隐私权纳入公民民事权益保护范围，明确了隐私权的法律地位。在第三十六条中对利用网站侵犯他人隐私权等合法权益行为所产生的民事责任做出了明确规定，但遗憾的是，关于隐私权的概念还是没有提出统一、权威的释义。纵观国内，学者们对于隐私权也有着不同的定义。中国人民大学王利明教授认为，所谓隐私权，就是指个人秘密的不公开权，是自然人享有的对其个人的、与公共利益无关的个人信息、私人活动和私有领域进行支配的一种人格权；中国人民大学教授张新宝认为，隐私权是指公民享有的私人生活安宁与私人信息依法受到保护，不被他人非法侵扰、知悉、搜集、利用和公开的一种人格权，且权利主体对他人在何种程度上可以介入自己的私生活，对自己是否向他人公开隐私以及公开的范围和程度等具有决定权。哥伦比亚电子百科全书对隐私权的定义是"不被政府、媒体或其他机构、个人无正当理由干涉的独处权"。英国《牛津法律大辞典》则认为，隐私权是不受他人干扰的权利，是对人的私生活不受侵犯或不得将人的私生活非法公开的权利要求。综合以上学说，隐私权性质是一种不被他人非法侵扰、知悉、收集、利用和公开的人格权，权利主体对自己的隐私是否向他人公开以及公开的人群范围和程度等具有决定权。

在电子商务环境中，隐私权要加上一个限定语"消费者"。新修订的《中华人民共和国消费者权益保护法》对于消费者的界定是"为生活消费需要购买、使用商品或者接受服务"的自然人，但其前期的征求意见稿中以逆向界定的方式将"不以生产经营目的购买、使用商品或接受服务的自然人"一并纳入消费者范围，虽然摒弃了这一界定方式，在最终的法律文本上没能体现，但我们应当认识到这一意见是基于现实中电子商务等新型消费关系的出现，消费者的活动范围在扩大，远远超出了立法预期，因此对消费者的定义应回归立法初衷。消费者权益保护法之所以对消费者进行倾斜性保护，是因为消费者是与经营者相对应的一个概念，信息不对称、经济实力差距、诉讼维权成本高等造成了消费者的弱势地位，因此消费者的内涵范围应包括所有为实现生活消费所需或购买商品或接受服务的自然人。本书所指的消费者隐私权即指为生活消费需要购买、使用商品和接受服务的自然人所享有的禁止他人非法侵扰、知悉、搜集、利用和公开的与公共利益无关的个人信息、私人活动和私有领域的一种自由支配的人格权。

在之前提请全国人大常委会审议的电子商务法草案中，对电子商务给出的定义是"通过互联网等信息网络进行商品交易或者服务交易的经营活动"。这里论述的电子商务是指依托互联网技术开展的广告推广、业务洽谈、网上购物、服务订购、电子支付等各种商务活动。那么电子商务中消费者不仅享有传统意义上理应享有的隐私权，还有因其网络用户身份所享有的网络空间隐私权。电子商务中消费者隐私权是从消费者隐私权衍生出来的下位概念，是消费者隐私权在电子商务环境下的延伸，二者的内涵有相同之处，比如同样作为基本的人格权，消费者享有自由控制和支配的权利，只是权利范围同样受限于无关公共利益这一要求。但前者因网络技术为消费者隐私信息数据提供了收集和利用的特殊环境，二者在客体范围、权利属性上又表现出极大的不同，因此二者的内涵又有了明显的区分。

那么，据此给电子商务中消费者隐私权进行准确的界定。所谓的电子商务中消费者隐私权，是指消费者在以互联网为交易平台进行商务活动时所享有的禁止他人非法侵扰、知悉、搜集、利用和公开其与公共利益无关的个人信息、私人活动和私有网络空间范围内的一种独立人格权。

二、消费者隐私信息范围

我国早在 1993 年就已经制定了《中华人民共和国消费者权益保护法》，规定了经营者有依法定或约定履行经营义务，要求经营者向消费者提供商品或者服务，应当恪守社会公德，诚信经营，保障消费者的合法权益；不得设定不公平、不合理的交易条件。同时也有尊重消费者人格权的义务，经营者不得对消费者进行侮辱、诽谤，不得搜查消费者的身体及其携带的物品，不得侵犯消费者的人身自由；不得非法收集、泄露、出售或者非法向他人提供消费者个人信息。经营者未经消费者同意或者消费者明确表示拒绝的，不得向其发送商业性信息。对于消费者而言，其权益受国家立法保护、行政保护和司法保护还受社会保护，但是尚未就个人信息法定保护范围予以明确限定。

以国内较大且经营较为成熟的第三方交易平台——淘宝网为例，探析消费者隐私信息的范围界限。一般用户要通过淘宝网进行网络购物的话，第一步是要免费注册成为淘宝网用户，这时淘宝网会向准用户收集其真实姓名、身份证号、出生年月日、联系电话及地址、电子邮箱账号、付款账号及相关借记卡或信用卡号信息等诸如此类的个人识别数据，消费者的信息自此产生并逐步增多。在成为淘宝会员后，用户在进行线上交易时与天猫商家或淘宝店主进行购物咨询、交易洽谈，那么双方的在线聊天记录、交易商品名称及数量等可能会涉及一些用户不愿被他人知道的敏感信息，同时用户在浏览各商家商品页面时留下的大量 IP 信息，时刻记录着用户的活动轨迹。隐私本身就带有浓厚的个人主观色彩，每个人所定义的隐私范围大小不一，这取决于消费者的主观认知和判断能力，只要是消费者不愿让本人以外的第三人知晓的一切个人数据都可以纳入消费者隐私信息范围。在大数据时代下，互联网信息技术的大容量存储功能和自动交互分析处理能力高倍数地扩大了消费者隐私信息的范围，加之 Cookie 等网络技术创造了新型消费者信息，即由消费者的网络访问历史记录、网络使用账户、电子通信地址等组成的个人虚拟信息，统统都应纳入消费者个人隐私信息的范围。

如作为我国 Cookie 隐私第一案的 2015 年北京百度网讯科技有限公司与朱某隐私权纠纷案中，二审法院和一审法院判决中一个关键争议点就是使用 Cookie 软件收集的用户上网信息是否为个人信息。二审法院认定网络用户通过使用搜索引擎形成的检索关键词记录，虽然反映了网络用户的网络活动轨迹及上网偏好习惯，具有隐私属性，但因与网络用户身份相分离，即无法确定具体的信息归属主体，因此不再属于个人信息范畴，其中涉及了个人隐私和敏感信息的认定问题。笔者比较赞同一审法院的观点，即个人隐私除了用户个人信息外还包含私人活动和私有领域。朱某利用特定词汇进行网络搜索的行为，将在互联网空间留下私人的活动轨迹，这一碎片化的活动轨迹展示了个人上网的偏好，反映个人的兴趣、需求等私人信息，在一定程度上标示了个人基本情况和个人私有生活情况，属于个人隐私范围。据此，笔者认为电子商务中消费者的隐私信息范围包括消费者个人身份识别数据等基本信息、基于电子商务特定环境下产生的 IP 地址、统一资源定位符 URL、网络活动踪迹、购物习惯偏好等私有活动和私人网络空间范围的网络信息。

三、电子商务背景下消费者隐私权内容

许多学者对于消费者隐私权的权利内容提出了各自的观点，有的学者从消极构成要件角度强调消费者拥有信息不被非法获悉或隐私不被公开以及生活不被打扰的权利，也有的学者从积极构成要件角度列举可以行使的主动权利，如有学者提出消费者享有六种隐私权，即隐私隐瞒权、自主选择权、隐私收益权、知情权、安全保障权、隐私救济权。本书倾向于综合学者观点，即具象化列举消费者隐私权的各项权能，并将法律赋予消费者信息生活不被打扰的目的包含其中。

基于传统消费者享有的隐私权，结合电子商务特性，笔者赞同电子商务中消费者隐私权主要包括两方面的保护，即得到个人隐私信息和私人生活安宁的双重

保护。笔者倾向于将消费者隐私权的各项权能内容悉数列举如下：

一是消费者个人隐私的知情权。该项权利是基础性权利，区别于作为消费者本身所拥有的了解所购买商品或所接受服务的有关情况的权利，置于电子商务这一环境下，这里的知情权将进一步特定化，具体指消费者在通过互联网平台进行交易时有权知悉网络服务提供者或 B2B、B2C 商品交易或服务提供商家收集其信息数据的权限范围以及收集后的真实用途。

二是消费者个人隐私的控制权。这是消费者隐私保护的核心要素。这里包括隐私隐瞒权、自主选择权和修改权。隐私隐瞒权指权利主体就自己无关公共利益的隐私享有进行隐瞒、不为人所知的权利；自主选择权指权利主体就自己个人信息是否被搜集、被何人搜集以及被利用的程度、手段有抉择的主动性；修改权指权利主体为保证个人信息的完整和准确，有权及时更正、补充、修改个人信息内容。

三是消费者个人隐私的收益权。未经权利主体许可，任何主体不得利用所获取的消费者个人隐私用于商业获益，包括不得与其他主体以互换、共享、交易等方式处置消费者的隐私信息。

四是消费者个人隐私的安全保障权。赋予权利主体要求消费者个人隐私信息的搜集者和利用者承担保障其信息安全义务的权利。

五是消费者个人隐私的侵权救济权。消费者个人隐私受侵害时拥有寻求法律救济，要求侵权者承担其应有的法律责任，包括精神损害赔偿和相应的财产补偿。

四、电子商务背景下消费者隐私权的特征

一是易受侵害性。电子科技的运用将电子商务置于不受时间和空间限制的另一维度，也正因此使得电子商务中商家和消费者之间的信息开放程度呈现爆炸式增长，这把科学技术双刃剑用得不好会将电子商务危害性扩大升级，大数据时代

下消费者的隐私权在日新月异的互联网技术面前更显得脆弱不堪，甚至一击即溃。

二是具有双重属性。不同于传统意义上的隐私权带给受害者更多的是精神层面的侵害，电子商务中消费者的隐私信息则兼具经济价值属性和精神价值属性，两个属性之间往往进行着权能变化，但不是非此即彼、你消我长的关系，相互之间可以深刻影响彼此甚至是共生共灭的。一方面，消费者的隐私信息在市场经济的作用下可以成为明码标价的商品，归根结底不法分子攫取消费者隐私信息的出发点和落脚点就在于这些信息可直接售卖获利以及背后蕴含的无限商机。有的不法商家在商业交易机会中获取数以万计的个人信息后，包括浏览网页的 Cookie、手机号码、消费情况、还贷情况等，将其作为商品出售，以此便于其他商家用于通过电话、短信或电子邮件进行针对性推销活动，更有甚者会窃取消费者的个人银行账户及密码盗窃其账户钱款，那么消费者就可能付出大量的额外支出甚至造成财产的直接损失。另一方面，电子商务中消费者在遭受侵害时往往还要承受隐私信息被泄露、售卖的无奈和愤怒，正是由于其经济价值属性，很多时候不经意间的一些行为都可能造成个人隐私的泄露，给不法分子可乘之机。最典型的例子就是我们日常使用的手机应用软件，这种手指轻点的便利也成为电子商务模式的得力工具，有些手机应用软件默认要求读取手机通讯录或设置默认消费，会让消费者叫苦不迭。工信部 2015 年将网络不良与垃圾信息举报受理中心认定的 3545 个风险型手机应用软件列入黑名单，其中恶意扣费、资费消耗、隐私窃取的占比分别为 59%、48.6%、17.7%。在消费者后续权利保护的过程中，因服务供应商缺乏跟进修正或直接推卸责任给消费者，消费者在精神层面上只能被迫承受由此带来的不同程度的伤害。

三是信息技术依赖性和隐私数字化。互联网的开放性和包容性、黑客技术的"魔高一丈"、现今电子商务中消费者自我防范意识和保护能力的不足等多种因素综合起来给电子商务消费环境的安定有序带来极大的挑战。在司法实务中，我们可以发现信息技术的依赖加剧了群体受害的范围和程度，尤其在电商交易中以退款名义实施诈骗的行为应引起重视。如 2014 年 3 月至 6 月，犯罪嫌疑人王某等人通过网上购买的淘宝交易数据获得买家信息（名字、手机号、收货地址）后，利用短信群发平台向买家发送"交易有问题需退款"和 400 开头的联系电话，王某等人在买家与之电话联系后，套取其信用卡和身份证信息，并用该信用卡在网上购物，涉案金额达 8 万余元。网络技术的日益进步，使得构建庞大的数据库正成为现实，这些数据库包含了大量的个人生活信息，并且以数据的形象展示给人们，例如姓名、年龄、QQ 账号、电子邮箱等这些通常被认为是隐私的数据。因此，有学者将个人数据隐私作为一种新兴的隐私权并对其进行界定：所谓数据隐私权是指个人对以数据形式收集和储存于电脑中的有关自己的资料加以保护及控制的权利。与传统隐私权保护相比，电子商务中消费者隐私权保护的重心转变为强化消费者对其个人数据的控制和利用方面，即在电子商务领域中消费者隐私权的客体转化为消费者的个人消费数据、个人消费行为及消费者的个人领域。也就是说，在电子商务中，隐私权从强调个人属性与人身结合的概念转化为强化保护以数字化与信息化为特征的个人资料的隐私。

四是隐私权呈财产性与人格性双重属性。传统民法一般认为隐私权属于人格权，作为禁止他人侵害、排斥他人干涉的一种消极防御的权利，并不包含财产属性。随着计算机和互联网的迅速发展，消费者的用户数据富含较大的商业价值。阿瑟·米勒也指出，最为简洁的隐私保障方式之一就是将个人信息看成一种财产。若是接受了这一观点，个人自然就有权控制与其有关的信息，享受法律为财产提供的全套保护。一方面，电子商务经营者可以运用技术手段将消费者在电商平台上的浏览记录、消费内容等情况进行整理分析，进而掌握消费者的消费偏好以及消费习惯，从而有针对性地制订自己的生产和销售方案；另一方面，当特定主体认识到其某一隐私信息具有经济价值，且该价值大于其所具有的人格利益时，其很有可能忽视该隐私信息所包含的人格尊严的价值，向他人提供或者允许他人收集和使用其隐私信息。最后，个人资料价值具有延续性，即任何年代的个人资料都具有一定价值，有些资料的价值可能随着储存时间的延长而持续增加，有些可能成为一种档案资料。因此，在网络时代，消费者的隐私权虽然表现为人格权，但其已具有了广泛的财产属性。

五是隐私权权属内容增加。与传统隐私权相比，电子商务中消费者隐私权从消极的不受干涉的权利转变为一种积极能动的权利。我国传统隐私权理论一般将隐私权界定为公民对自己私生活进行独立支配的精神性人格权，但是在网络环境中，当消费者的个人隐私信息已经成为一种能够在市场上获利的无形资产并且可以被轻易地储存、检索、合并或者转移时，传统民法仍将隐私权作为一种精神性人格权加以保护的方式已明显不符合电子商务时代消费者对个人隐私保护的需求。所以，在电子商务领域内，消费者隐私权除了包含消极的不受干涉的权利外，还应当将强调消费者对自己隐私信息的控制和利用的积极能动性内容纳入隐私权保护的范围，即消费者隐私权的内容应当包括个人信息知情权、个人信息安全请求权、个人信息控制权等权利。它赋予消费者积极能动的权利以防止电子商务企业及第三方非法收集、处理、传播和利用消费者个人消费信息的权利，体现了对消费者人格尊严的充分尊重。

第二节　电子商务背景下消费者隐私权保护现状

一、政府保护

对于电子商务企业而言，自身的行为规范和企业利益会受到政府各种政策的影响，政府往往能在宏观上对企业进行一定的引导与约束。因此，电子商务企业应当密切关注政府方面为保护消费者隐私所实施的举措，利用政府力量更好地保护自身权益，更要响应政府号召保护好消费者隐私。政府方面关于保护网络上消费者个人隐私信息所做的努力主要包含两个方面的内容：相关主管部门对消费者隐私信息的综合管理；相关法律法规的制定和完善。

（一）现状

1. 相关法律法规的完善情况

法律作为国家强制力的表现，能够有效地保护用户隐私不被非法泄露、窃取。中国政府对电商环境下用户个人隐私信息进行保护的法律法规的拟定起步较晚，目前还不够完善。随着网络购物模式和购物平台的不断发展，我国陆续出台了一些关于互联网电子商务过程中各种问题的规定。2010 年时，我国颁布了一个对网络交易行为进行界定的管理办法，即《网络商品交易及有关服务行为管理暂行办法》，用以给网络消费者更好的保障。随后，在 2014 年又出台了《网络交易管理办法》，其中明确对电子商务活动中的交易双方的权利与义务进行了规定。我国近些年在电子商务立法方面进行了许多探索，也陆续制定并颁布了许多相关的法律法规以规范市场环境，这些法律法规有利于现在电子商务相关纠纷的合理解决，但随着经济与技术的逐渐发展，纠纷更加多样化，许多电商企业并没有主动承担起保护消费者隐私的义务，相反，他们选择在法律允许的范围内利益最大化的营销模式，忽略了消费者隐私的价值，没有付出更多的经济、时间成本给予消费者良好的保护。更有甚者不惜铤而走险通过贩卖用户资料来谋取利益。

2. 成立专门的电子商务主管部门

中国设立了商务部电子商务和信息化司，专门负责处理网络交易中产生的各种问题。该部门所负责的事务主要有这几个方面：确定未来电子商务的发展方向并制定规划、为履行规划拟订政策措施、推动其规划目标的早日实现等。由此可见，中国是十分支持电子商务发展的，并为此专门设立了主管部门，负责电子商务的整体规划和日常推动。

但是，在实际执行过程中，电子商务和信息化司的主要职责在宏观层面为电子商务的发展制定相关政策及措施，而对网络消费者个人隐私保护的具体问题提及较少，管理并不充分。对于这些微观的问题，该部门也难以进行很好的监管与控制。电商企业缺乏直接的管理部门，在实际交易市场中，政府对电商企业的约束力比较低。

3. 对公众引导

中国已经召开了多次中国国际电子商务大会，这个国际盛会是中国电子商务界中开始最早，也是影响力最大的商务大会，历届大会的召开始终受到政府的大力支持和积极指导，参会的还有诸多电子商务行业代表、相关学术研究机构、著名电子商务商家企业及行业外部分代表，参与范围广，影响力比较大，能够对中国电子商务的进一步良性发展起到一定的促进作用，对网络消费者隐私保护所遇到的问题有简单的分析与探讨，对建立网络消费者个人隐私信息综合保护体系具有一定的推动作用。但是，中国国际电子商务大会探讨重点主要围绕在金融、诚信、教育、成功模式、法律、投融资等商业主题，更加偏向于发展理念、方向与发展前景，关于对庞大的消费者群体的个人权益保护的内容非常少。目前也没有大型的针对消费者隐私保护的学术、商务大会来对公众进行正确消费观念的引导，对消费者隐私保护的宣传力度不够大。消费者对个人隐私的不重视直接导致了电子商务企业对这个问题持有比较松懈的态度，在消费者隐私保护措施的制定与实施过程中缺乏动力。

（二）困境

通过上述现状描述可以发现，为了顺应大数据时代的数据化趋势，我国政府在电子商务发展、电子商务消费者隐私保护方面进行了许多探索，政府对消费者隐私的态度与措施会直接影响企业的态度与规范。作为指引企业发展方向的灯塔，政府更应该及时发现问题，净化市场环境。目前，政府方面仍存在许多的问题。

1. 相关法律体系不够完善

中国现存的电子商务相关法律更多的是注重对行业发展的规划和对企业发展规范的约束，直接针对电子商务中的消费者个人隐私保护的法律法规还较为匮乏，导致网络商家、电商平台等对消费者各种数据的应用存在管理盲区，许多消费者的个人隐私在遭受侵害时难以得到法律及时有效的保护。过于重视行业发展而不注重对消费者的切身利益的保护可能带来严重的信任危机，长此以往会阻碍电子商务产业的发展。

2. 监管力度不足

我国设立了专门管理电子商务的部门，以此来为其发展增加规范与保障。此部门为行业发展提供了宏观政策，对电子商务企业的发展方向进行指引，然而，对于商家和网络平台在微观层面的具体行为还缺乏监督与管理，有可能为电子商务发展埋下巨大隐患，导致有些投机取巧的企业利用消费者在网络上留下的个人隐私信息进行利益挖掘，在消费者毫不知情的情况下对其产生巨大的负面影响。政府应加大对于微观的、百姓化的问题的关注力度，对于隐私保护的具体执行过程、执行方法统一规范，以保障消费者在实际网络交易过程中应有的权益。

目前，政府对于网络消费者隐私保护方面的监督还比较单一，没有充分调动社会各界的力量，没有利用行业协会的力量来扩大监督范围。中国目前有很多电子商务相关的行业协会，这些行业协会能在消费者权益受到侵害时出力相助，对保护消费者隐私有很大的帮助。但是，这些行业协会与政府机构之间缺乏直接联系，也缺少统一管理，这使得行业协会推行的认证机制还有诸多问题。

第一，不同的认证机制各自为政，内容要求尚不统一，缺乏标准。目前比较活跃的协会有很多，如大连软件行业协会、中国互联网协会等，这些行业协会都根据各协会的自身要求、原则制定了各自的认证评价机制，这些评价机制彼此间具有相似性，但授予标识却各不相同。各个协会各自为政，使得其有效性与权威性深受质疑，起到的效果也不尽如人意。如果政府的相关机构能够对评价机制进行内容规范，对行业协会进行统一管理，则可大大增强监督效率，增强其权威性，提高认证评价机制的含金量。

第二，监督缺失使行业协会并不能起到很好的监管作用。目前企业即使在规范的评估机制下通过了评估，但在取得诚信标识之前，仍然需要向行业协会上缴一定的费用，其中涵盖会费、审核费、工本费、标识使用费用等。这种先缴费后授予标识的流程使得评估更像是一场买卖，就像是企业使用金钱购买诚信标识一样。政府方面的监督缺失会默许这种现象发生，导致拥有规范标识的企业可能存在管理不善或技术不完善的问题，最终可能会导致违背消费者意愿的个人隐私信息泄露或盗用的事件发生。

3. 对公众的宣传力度不足

目前政府已经使用很多种渠道对消费者进行消费观念、安全意识的宣传和引导，向公众进行安全知识普及。中国国际电子商务大会的定期举行，也为加强宣传对网络消费者隐私保护具有一定的支持作用。

但是，目前我国关于个人隐私保护的宣传效果还不够理想，宣传过程和活动主题还不够丰富，宣传活动的流程设计也比较单一，存在着宣传力度不足的问题，实际运作过程中不容易吸引消费者的注意力，更不能很好地激发消费者个人、网络商家对个人隐私信息保护的重视程度，因此宣传措施急需改良与创新。社会各界及政府机关应共同商讨能够推进中国电子商务行业不断发展的有效措施，提出适合行业发展的建议。宣传应作为电子商务隐私保护的一项政策，加强相关知识的有效传播，提升消费者自我保护意识，使其养成良好的网络购物习惯，对于从消费者主观思想方面避免隐私侵权行为的发生有良好的推动作用。

4. 缺乏与其他社会群体的合作监管

政府目前对于消费者隐私保护所做出的努力大多还是基于政府本身的行政职能，而缺乏与社会组织、行业自律组织等的合作。而社会组织、行业自律组织能够更快地感知电子商务存在的问题，能更多地站在消费者的角度对电子商务进行监督和引导。

行业自律组织、社会组织等作为直接接触消费者和商家的社会群体，能够帮助政府更加深入地了解情况，实施政策，改善对于消费者来说不够友好的现状。因此，积极加强政府与社会群体间的通力合作还是十分必要的。努力做到政策具体，及时监督，提高法律法规和保护策略的实际执行效率。因此，政府需要加强与社会群体间的合作与监督，实现多方共同管理。

二、企业保护

（一）现状

1. 电子商务企业发展现状

早期互联网电子商务的发展被戏称为"复制粘贴"的工作，通过对外国电子商务模式的学习和借鉴即可实现良好的经济效益。但随着互联网的逐渐成熟，一味照抄照搬将不能适应中国国情和中国电子商务的发展。万国商业网最先推出根据个人需求付费享受服务的透明购物模式，并前瞻性地制定了"做 B2B 领域的 GOOGLE"的发展目标，得到广大网民的好评；阿里巴巴首次推出网上诚信管理体系，用以衡量买卖双方的诚信水平……我们也在这些创新模式中看到越来越多的大企业开始在电子商务的创新研发中下功夫。

但对于众多小企业而言，创新成本高且直接收益并不显著，平台建设和商业程序大多参照大企业或国外企业的模式，但自身技术创新不足，针对互不相同的电商平台或个性化的市场群体，不能做出针对性的保护策略，由此造成现存的消费者隐私保护系统存在明显缺陷。

2. 电子商务人才现状

据中国电子商务研究中心提供的 2016 年的数据显示，由于电子商务行业的发展，直接或间接带动的就业总人数已经超过了 2 500 万人，其中直接就业人数已经超过了 305 万人，电商发展逐渐规范化、规模化、乡村化，使得越来越多的传统企业开始涉足电子商务的行列，不断带动着该行业就业人数逐年攀升。根据市场调查显示，电子商务相关的工作已经成为当代女性最喜爱的职业之一。电子商务间接带动的就业人数已超过 2 240 万人，这主要是通过电子商务行业所伴随的多种新型职业的涌现，例如网店模特、文案、主播、时尚买手等，为人们的就业选择提供更加丰富的可能性。

据调查，在就业人数急剧增加的今天，仍有近四成的电子商务企业在运营人才方面存在巨大缺口，近三成的企业急需高端销售人才，还有少部分的企业缺乏专业技术人才和物流管理人才。各大企业在产品运营、产品销售、企业管理等方面的人才缺口十分严重，而产品与平台涉及的更新换代速度之快，使得企业对高端人才的需求更为迫切。

3. 隐私声明

目前国内电子商务企业在隐私保护工作方面所做的主要工作都在其隐私声明中有所表示，很多企业也都设立了隐私声明。为了缓解消费者面对众多信息泄露事件而过度担心的购物心理，增强其对企业的信任度，刺激消费欲望，电子商务网站往往会采用在线隐私声明的方式来获得消费者认可。这些来自不同平台或网站的隐私声明大体内容相似，只是具体语句或前后结构有所不同，内容的重点都在于如何更好地对消费者隐私进行保护。

知名企业阿里巴巴在隐私声明中涉及消费者安全的章节提到，他们会采取一定的措施，保障该平台用户的信息不被窃取、滥用、变造等，竭力保障用户信息安全，并写明了自己的技术支持方式。

2008 年 12 月创立的唯品会是一家以特价买卖为特点的电商网站。该网站的隐私条款也明确地表示了对该平台用户个人隐私进行保护的承诺，如条款中提出"唯品会承诺尊重您的隐私和您的个人信息安全""唯品会不可以向任何其他人出售或出租您的个人信息"等。

上面的这几个例子都不属于同一家机构的隐私声明，但它们所公布的内容均是十分正式的，在做出承诺时也是极具有信服力的，它们斩钉截铁的态度给了消费者很好的心理暗示，让消费者在购物时感觉自己的隐私会被很好地保护，不会被商家泄露或随意窃取。但隐私声明中许多言语晦涩难懂，消费者虽然心理上感觉安全，但隐私信息并不是完全处于良好的保护之中。还有一些消费者对商家缺乏信任，即使有隐私条款仍然有所顾虑。为了缓解消费者对隐私保护的顾虑，降低因缺乏信任而造成的消费者流失，商家通过在线隐私声明，能够很好地表明立场、许下承诺，希望消费者能够阅读并同意这些条款，最终达到为网站收集、存储、利用数据信息提供合法有利依据的目的。

(二) 现存问题

根据上述现状描述可以看出，目前电子商务企业发展迅猛，企业需要通过自我提升与发展以适应电子商务时代的要求。同时，企业作为电子商务交易过程中的一个重要主体，在消费者隐私保护方面有非常大的提升空间，主要在硬件技术能力和经营管理态度方面仍存在许多不足。在硬件技术能力方面，主要问题包括缺乏自主创新技术、技术人员能力有待提升，经营管理态度方面包括安全隐私声明有待完善、没有完全肩负起网络安全的责任。

1. 缺乏自主创新技术

中国十分注重电子商务个人隐私保护，有很多技术层面上的应用被广泛适用于各平台和网站。但是，很少有专门服务于保护消费者隐私的技术被大范围推广，相关技术大多来自国外，缺乏符合国情的创新。引进的技术是符合被引进国的国情的，能够服务于原企业的生产实际，直接引进并不一定适合国内的商业环境，也不一定能很好地保护中国消费者的隐私。因此，这些技术的直接引进不一定具有很好的效果，还会浪费大量的资金。这些技术可能在国际上有良好的口碑，应用甚广，但放在中国的市场环境中则表现平平，甚至起不到什么明显的作用。这就使得表面上企业都在为消费者隐私保护下大功夫，而实际消费者隐私仍然不够安全。

另外，中国在这方面所采取的技术策略并不成熟，还在不断探索中缓步前行，其策略的有效性有待考证。而电子商务行业发展蓬勃向上，速度飞快，技术与行业发展速度不能良好匹配，会使得网站漏洞百出，给了网络黑客以可乘之机，带来很大的隐患。消费者在购物过程中留下的痕迹、支付信息被泄露时可能会为消费者带来很大的麻烦或损失。

由此可见，中国在电子商务中的技术创新还有待提高，应当引起各方面的重视。中国急需一套符合国内发展情况的技术保护机制，来保障消费者购物过程中的各种个人隐私信息不被泄露和盗取。

2. 专业技术人员能力有待提高

随着电商企业的快速发展，电子商务企业员工需求量大，需求种类多，而实际从事电子商务专业在技术的人员水平参差不齐，业内员工的流动率很高，虽然就业人数众多，但许多企业仍存在很大的相关人才缺口。电商企业中的专业技术人员水平直接影响着平台的安全性，因此，专业技术人员水平不足是严重阻碍消费者个人权益保护的实施与发展的重要因素。

目前电子商务企业中的专业技术人员有一部分来自社会上的速成培训机构或无实际技术经验的应届毕业生，企业一般会对新员工进行短期的培训，使其适应并掌握工作工具，但是却缺乏后续的培养，导致某些专业技术人员仅掌握基础性的操作知识，而缺乏创新能力。

3. 隐私声明不完善

目前，电商平台通过隐私声明或条款对消费者的个人隐私进行保护，这种保护方式能够给予消费者足够的知情权，知晓自身隐私信息的使用情况及条件。但企业所提供的隐私声明一般都复杂难懂，所处位置隐蔽不易被发现，且隐私声明通常只是从道德层面对企业进行约束，在实际操作中难以对消费者隐私产生直观的保护作用。因此，若能对隐私声明做进一步的完善将能够有效促进消费者隐私保护力度和效果。

隐私声明的出现弥补了第三方网络隐私认证信息服务的缺失，在消费者隐私保护上是一种巨大的进步。大部分商家也会在网站上的特定位置张贴隐私声明，供消费者浏览阅读。例如搜索引擎大户百度网便在其声明中宣称，其收集用户信息以用户明示同意提供信息为前提，同时将告知用户其信息详细使用过程。再比如，腾讯网也发表声明，声称其将公示信息采集范围、采集过程和向第三方平台传送信息相关情况。但值得注意的是，"隐私声明""隐私条款"本身也存在着不足，应该引起重视并做出改进。

很多企业发布隐私声明时并没有放在明显的位置，消费者在浏览时很可能会将其忽略。有些网站把隐私声明放在了众多商品的最下方，目的是消费者在看隐私声明之前必定会浏览全部商品，却忽略了可能使消费者找不到隐私声明的困扰。有的甚至将隐私声明藏进"帮助中心"或"新手入门说明"中，就更加弱化了隐私声明的作用。另外，企业在发布隐私声明时措辞过于专业化，有些在罗列内容时不够清晰，使消费者阅读起来过于吃力，面对冗长、专业的隐私声明，很少有消费者能一口气读完并理解内容。

电子商务企业发布的在线隐私声明缺乏统一的标题，使消费者辨认起来有些困难。有些网站标注的是"隐私声明"，也有一部分网站标注的是"隐私策略"或"隐私条款"，消费者在不是十分了解这些内容时可能会产生误会。统一隐私保护条款的称呼有利于企业的推广以及消费者的拥护。

电子商务企业发布的在线隐私声明应当提供联系方式，以方便消费者联系。部分电商的隐私声明只罗列了要点，但并没有提供联系电话或地址，如果消费者对隐私声明有疑问或提出建议，不知应该如何通知联系商家。电子商务企业发布的在线隐私声明应当公开其收集用户信息所用的技术以缓解消费者的隐私忧虑。通过对消费者个人隐私信息的合理运用，电商经营者可追访消费者的个人喜好以及浏览习惯，有利于其为消费者提供周到的个性化服务的同时还能够刺激消费增加利润。因此，关于 Cookies 的工作原理，应当在隐私声明中有所阐述，并且告知用户禁用 Cookies 的具体操作以及如果禁用将带来的后果。实际上，很多网站所发布的隐私声明言行不一，并没有兑现对消费者的承诺。也有些含糊其词，只说了要保障消费者隐私的安全，却没有列出具体的措施。只有这些内容并不能看出运营商的履行情况，说到是否能够做到有待考证。也很少有消费者真正地去关注隐私条款的兑现情况，若要关注也有一定的技术困难。因此，第三方网络隐私认证机制的引入是很有必要。总的来说，隐私声明能在一定范围内保护消费者隐私，但仍缺乏强制力，更多的是道德层面的约束。因此，这些条款应更倾向于对消费者的关注，企业也应具有高度的自觉性来执行这些条款。

4. 网络约束缺乏强制力，网络环境混乱

针对电子商务的发展，中国互联网协会陆续推出一些自律规范，如《互联网搜索引擎服务自律公约》等，用这些自律公约约束、保护网络经营商的行为。这些公约中明确商家有责任保护用户个人隐私的安全。

但是，这些行业规范仅仅从道德角度出发，并没有强制力，面对敏感的隐私问题，这些公约也起不到相应的强制性效果。这些规范都只是简要提及保护隐私权，并未对网络消费者隐私权概念、侵权要件、权利救济等做出具体规定，在现实操作中无法起到实质性作用，无法从权利视角真正做到保护消费者个人信息安全。这些看起来正规的行业规范给消费者营造出一种安全的假象，降低了提供电子商务服务过程中对个人信息保护的警戒性。

同时，网络监管的缺失使电子商务企业即使违背了这些行业规范，侵犯了消费者隐私权也不用付出什么代价。在互联网飞速发展，企业不断追求最高利润的电子商务环境下，关于消费者隐私权保护的规范、制度仍然十分缺乏，来自国外的制约、规范均流于形式，发挥不了多少作用，使得电子商务环境混乱，保护消费者隐私权的能力与效率也参差不齐。

三、立法保护现状

近年来，随着人们生活方式的转变和经济的发展，我国在立法方面逐渐加强了对公民隐私权的保护力度。但是目前还没有一个较为系统的隐私权立法，关于隐私权保护的规定主要分散于多部法律中，尤其是对电子商务中消费者隐私权的保护，我国现有的法律规定还有待进一步完善。

（一）立法梳理

我国目前的立法中尚没有直接针对电子商务中消费者隐私权保护的内容，仅在部分法律、行政法规中存在涉及保护消费者隐私的条款。

隐私权在我国正式确立于 2009 年 12 月 26 日颁布的《中华人民共和国侵权责任法》中，该法第二条第二款规定："本法所称民事权益，包括生命权、健康权、姓名权、名誉权、荣誉权、肖像权、隐私权……"该条款第一次明确了隐私权在我国法律中受保护的地位，具有里程碑式的意义。《中华人民共和国民法总则》第一百一十条规定："自然人享有生命权、身体权、健康权、姓名权、肖像权、名誉权、荣誉权、隐私权、婚姻自主等权利。"明确将隐私权作为公民的一项具体人格权加以保护。《中华人民共和国民法典》明确规定了自然人享有隐私权，明确了隐私的具体内涵，并以列举的方式界定了侵犯隐私权的行为，该条款表明我国明确将隐私权作为一项具体人格权加以保护的法律地位，对隐私权内涵的界定也有助于明确隐私权保护的内容，在隐私保护这一问题上具有极大的进步意义。

除此之外，目前我国法律对消费者隐私权的保护方式多为间接保护，即通过保护消费者个人信息的方式保护消费者的隐私权，具体如下：

2012 年全国人民代表大会颁布的《关于加强网络信息保护的决定》从多个角度规定了消费者隐私保护的具体措施，以加强公民个人网络信息保护。《中华人民共和国消费者权益保护法》赋予了消费者个人信息权，该法明确了经营者收集、使用消费者个人信息时应当遵循的基本原则，赋予了消费者对其本人信息的知情同意权，并且要求经营者应当履行对消费者个人信息的安全保密义务。《中华人民共和国消费者权益保护法》对消费者享有的权利、经营者的义务进行了充分明确的规定，在保护消费者个人信息方面具有极大的价值。随着互联网的发展，公民在网络中的隐私安全也日益受到关注。国家市场监督管理总局公布的《网络交易管理办法》规定：网络平台经营者在收集使用消费者相关信息时，应当向消费者明确使用目的、范围和方法。《中华人民共和国网络安全法》规定了网络运营者在收集、使用用户信息方面应当遵守的规则，在保障用户个人信息安全方面承担的义务，个人救济方式，以及负有网络安全监督管理职责的部门及工作人员应当履行的职责。《中华人民共和国网络安全法》比较详细和全面地规定了互联网领域关于消费者隐私保护的措施，并且对网络运营商的责任以及用户的救济方式进行了明确的规定，能够在一定程度上保护消费者的隐私权。《中华人民共和国电子商务法》第二十三条规定："电子商务经营者收集、使用其用户的个人信息，应当遵守法律、行政法规有关个人信息保护的规定。"第二十五条规定："有关主管部门依照法律、行政法规的规定要求电子商务经营者提供有关电子商务数据信息的，电子商务经营者应当提供。有关主管部门应当采取必要措施保护电子商务经营者提供的数据信息的安全，并对其中的个人信息、隐私和商业秘密严格保密，不得泄露、出售或者非法向他人提供。"

（二）问题

1. 消费者隐私权保护的法律制度缺乏系统性

从上述分析可以看出，近年来，随着经济的发展和信息技术的进步，隐私权的相关立法呈逐渐增多的趋势。我国法律在制定过程中已注意到了隐私权保护问题，公民在互联网领域中的隐私权问题也有相关规定，但我国现行法律并没有把个人的隐私权单独进行规定。例如，《中华人民共和国侵权责任法》和《中华人民共和国民法总则》仅对公民享有隐私权进行了宣示性规定，即表明公民在法律上享有隐私权。《中华人民共和国网络安全法》出台的主要目的也是为了维护和促进互联网的发展，其第四章的内容主要是针对个人信息的保护，虽然保护公民个人信息安全能够降低消费者因其个人信息被泄露、滥用之后所引发的隐私权遭受侵害的风险，但是该规定对消费者在互联网领域中的隐私权保护不具有针对性。2018 年出台的《中华人民共和国电子商务法》的规范侧重于促进电子商务的发展，涉及消费者隐私权保护的具体规定并不全面。因此，我国关于隐私权的保护并没有形成完整的体系。

2. 消费者隐私权保护法律制度缺乏可操作性

在电子商务环境下，隐私权侵权主体增多，侵权方式日益多样化和复杂化，损害后果也比传统购物模式下的损害后果更为严重。由于我国目前缺乏专门针对消费者隐私权的法律规定，因此司法机关在处理隐私权纠纷案件时不得不从各个相关的法律规范中寻找最适合案情的隐私权保护的条款，加上现行法律条款对隐私权的范围、界限等的规定并不明确，即使权利人的隐私权受到侵犯，他们往往也并不能明确认识到自己的权利受到侵犯，就算权利人认识到这一点，其在寻求救济时也会因隐私权的定义不明确而加大司法实施的难度，有时也会使法官的自由裁量权过大，不利于司法公正。例如，《中华人民共和国消费者权益保护法》并没有关注消费者的隐私权保护问题。隐私权作为一种人格权旨在恢复人格权的圆满性，单纯依靠现行《中华人民共和国侵权责任法》的排除妨害、消除危险等救济手段不能完全保护公民的隐私权。再如《中华人民共和国电子商务法》第二十三条规定："电子商务经营者收集、使用其用户的个人信息，应当遵守法律、行政法规有关个人信息的保护的规定。"该规定并没有明确经营者应当遵守的相关规定，但是现实中的司法审判活动所需要的是准确的法律指引，该种笼统模糊的规定并不具有针对性和可操作性，且极易导致不同法院的审判结果不一、同案不同判等现象，进而影响司法威信和法治的统一性。

四、消费者对隐私权关注现状中存在的问题

目前消费者越来越依赖电子商务购物，随之而来的个人信息泄露风险不得不引起各方重视。防范意识差和不良的上网习惯等都会为个人隐私被侵权提供可乘之机。

（一）防范意识差

消费者对各类隐私的关注程度有所差异，对于经济财务类的个人信息有较强的保护意识，而对于个人特征信息、个人偏好信息的关注程度则较低，综合比较后发现大多数消费者并没有意识到加强个人隐私保护的重要性。消费者若在购物过程中不注重对个人隐私的保护，则容易给隐私盗取者以可乘之机，造成意想不到的后果。但由于消费者数量众多，个人素质有所差异，相关部门不可能对所有的消费者都进行全方位的个人隐私保护教育。

电子商务具有显著的专业化和信息化特征，消费者作为电子商务交易中的弱势群体，没有系统的隐私观念，对个人隐私被盗用和窃取缺乏必备的防备心理。我国普遍具有"集体重于个人，义务重于权利"的观念，固有的文化习惯和生活习惯致使许多公民缺乏保护自我隐私信息的意识，而且实际生活中很多人并不会注意自己是否会在网络操作中导致个人信息泄露，也不关注自己的隐私权是否受到了非法侵犯，当隐私泄露问题为其带来巨大损失时，便开始不知所措、无计可施，不知道应如何利用法律、维权组织来保护自身权益。

现在电子商务供应商为了与传统销售业、其他电子商务平台进行竞争，不断推出新颖的活动吸引消费者，消费者面对这些眼花缭乱的活动缺乏辨识能力，也极大地增加了消费者权益受损的概率。

截至 2022 年 12 月，我国互联网的普及率达 75.6%，网民规模达 10.67 亿。庞大的网络用户总人数使得一些不法分子开始将注意力转向网络消费者，致使网络消费者在购物时面临着极大的隐私泄露风险，在其不知情的情况下，一只脚可

能已经踏入了隐私盗用的陷阱。事实上，尽管当前网络消费隐私中存在诸多不稳定因素，但是当这些消费者在进行电子商务活动时，会因缺乏良好的网络信息交互习惯或对隐私保护认识不足，致使个人隐私遭受意外被盗用与被侵害，这是消费者隐私权难以受到良好保护的一个关键原因。当前，有些电商平台通过填写信息赠送礼品、享受折扣等促销方式吸引消费者主动提供个人隐私信息，许多消费者便将个人信息直接给予了商家，却不知自己信息的使用途径。很多网络购物平台或商家也是通过移动客户端向潜在消费者进行产品推广的，这些客户端在后台运行时也有私自搜集用户隐私信息的可能，这些隐私信息通过大数据分析又为商家提供消费者偏好信息，以进行更具针对性的推销，牢牢地绑定忠诚用户，而消费者本身却毫不知情。在这种极为被动的情况下，消费者因相关知识匮乏而被经营者利用技术手段牢牢锁住，个人的隐私信息成为商家牟利的手段与筹码。

总体来说，消费者防范意识的缺失不仅仅是网络环境的复杂造成的，更多的是传统的生活方式、购物习惯及部分消费者贪图便宜、缺乏相关法律知识的心理导致的。因此，加强消费者防范意识还需多方共同努力才能起到效果，且因消费者素质不一，经济实力不同，防范意识的普及仍有很长的路要走，也需要政府、电商平台等各方共同努力，营造安全舒适的电子商务平台，以更好地保护消费者个人隐私权利。

（二）不良上网习惯

有许多消费者每周会花费大量时间用于网络购物，与此同时，他们普遍较低的个人隐私保护意识与此形成鲜明的对比，无形中提高了其个人隐私泄露的可能性。

京东集团的副总裁李曦曾表示，通过网络购物平台的搜索引擎可以方便简单地获取用户的购买意图、兴趣偏好等信息。消费者在购物平台上的一举一动都能够被网站捕获到，这些行为蕴含着众多消费者的个人隐私信息，如果电子商务企业利用这些行为信息对网站用户的隐私进行不加节制地利用和挖掘，必然使用户的个人隐私权益受到威胁。而众多消费者隐私意识淡薄，互联网知识并不丰富，计算机操作能力欠佳，从而导致在电子商务购物过程中存在诸多不良的操作习惯，如不会定时清除浏览痕迹、为领取礼品而随意填写个人信息或让他人填写其个人信息、随意点击推送的广告网站等，这些极具信息泄露隐患的行为并没有引起普通大众的关注，导致消费者个人信息在源头上就被泄露。因此，消费者因自身不良上网习惯所产生的信息泄露大多是可以有效避免的。

第三节　跨境电子商务中的隐私权保护

由于经济全球化的发展和网络信息技术的飞速提高，全球贸易日益多元化，跨境电子商务发展极大地满足了消费者对商品的需求，但和国内电子商务的发展相同，跨境电子贸易同样涉及消费者隐私权的相关问题。

一、跨境电子商务概述

（一）含义

关于跨境电子商务的定义，不同学者有自己不同的理解。发展至今的跨境电子商务已经不仅仅是简单的进出口贸易了，在"互联网+"的背景下，跨境电子商务融合了传统进出口贸易和互联网技术，是两者相结合的产物。

从字面上理解，跨境电子商务中的"跨境"指不同关境内，关境是"海关境界"的简称，亦称"关税国境"，自由港或自由区不属于该国关境范围之内。"商务"指代商业活动和商业贸易，但关于"电子"的定义学界仍存在争议。目前，关于电子商务的定义，最为权威的表述是联合国的《国际贸易法委员会电子商业示范法》中对其的界定。其中对"电子商务"做出了广义和狭义的区分：广义认为"电子"的含义指所有形式的电子技术手段，包括但不限于电子邮件、电报、传真等手段；狭义认为电子商务中的"电子"含义应该仅仅指代利用计算机技术进行数据传递。日常生活中我们最常接触到的电子商务是狭义上的电子商务。《中华人民共和国电子商务法》第二条明确规定了电子商务的概念，属于狭义上的电子商务。因此，本书所探究的跨境电子商务为狭义上的电子商务。简单理解，跨境电子商务是指位于不同关境的双方当事人通过互联网就商品或服务进行线上支付结算，再由跨境物流进行运输从而完成交易的一种商业活动。

（二）特点

与传统贸易相比，以互联网为依托的跨境电子商务具有自己独有的特点，同时跨境电商也呈现出与境内电商的差异性，主要体现在以下几方面。

1. 跨境电商具有跨境性

互联网技术的发展让跨境电子商务突破了"面对面"的交易方式，不再受地理因素的限制，人们通过互联网即可随时随地在网上购物，足不出户就可以买到全世界的商品或服务，这一特征就是跨境电商的跨境性。从上文对跨境电商概念的界定可以看出，跨境电商的跨境性还体现在供货主体上。境内电商的消费者主体与供货主体均在境内，而跨境电商的交易活动发生在境内消费者与境外经营者之间。

2. 跨境电商交易的虚拟性和无形性

在传统贸易中，买卖双方可以直接进行线下交易，就商品的买卖达成一致订立合同，这种"一手交钱，一手交货"的交易形式可以让买方对商品有清楚的感知，防止被卖方欺骗。跨境电子商务依托于互联网技术，所有的交易行为都是在网络这个虚拟的数字化环境中进行的，消费者无法亲眼看到商品的真实样貌，只能通过经营者发布于网站上的信息，如商品外观的图片和对商品具体的文字描述进行了解，最后基于对经营者的信任来完成交易。跨境电商所具有的虚拟性和无形性在提高交易活动效率的同时也影响着消费者的权益，消费者的基本权利受到侵害的原因大多数都是基于跨境电商的这一特性，关于这一点将在下文展开论述。

3. 跨境电商存在语言问题

境内电商的交易主体通常用相同的语言进行交流沟通，进而顺利地达成交易。跨境电商发生在不同的关境内，由于多数情况下语言不同以及各国各地存在文化差异，卖方和买方在进行沟通交流时可能会产生理解上的差异，无法提取对方的准确意思，最终影响整个交易的进行。此外，中国境内作为世界主要的消费市场之一，消费需求非常高，吸引了众多跨境电商企业来此开展业务。在中国境内，跨境电商企业必须使用中文页面来开展自己的业务，否则无法吸引消费者来购买商品或服务。

4. 跨境电商交易的复杂性

通常情况下，跨境电商的交易主体会涉及两个及以上不同国家或地区的当事人，因此，跨境电商的交易流程比境内电商更为复杂。跨境电商的交易环节除了境内运输之外，还包括境外物流运输、海关清关、出入境检测、汇率结算、税收等各个环节。同时，这些环节中还包含了会影响货物运输的各种不确定因素，导致货物运输时间比境内电商更长。跨境电商的这种复杂性给消费者维权带来了极大的不便：一方面，如果商品有瑕疵，消费者不能及时退换货且退换货的运输成本巨大；另一方面，消费者因退换货产生纠纷需要维权时，经常会涉及国际私法的多个问题，比如管辖权问题、法律适用问题以及担责主体的认定问题。

二、跨境电子商务中消费者的隐私权

（一）存在的问题

随着电子商务行业的不断发展，消费者的个人隐私权越来越重要，也越来越容易受到侵犯。

消费者的隐私权受到侵害主要体现在两个方面：一方面是消费者的个人信息

遭到泄露。消费者在跨境电商平台上进行购物时会留下自己的个人信息，这些个人信息保存于电商平台后台的数据库中，如果电商平台保管不当或是后台被不法分子攻击就会使消费者的重要个人信息面临巨大的泄露风险，如收到大量推销电话以及垃圾促销短信的骚扰、收到非法链接以及身份信息被不法分子窃取等，更有甚者会因为个人信息泄露导致个人账户密码被盗。另一方面，跨境电子商务平台利用收集好的消费者个人信息谋取不正当利益。例如，消费者在网站上浏览商品时，自己的喜好会被网站记录抓取，等消费者再次在该电商平台浏览时，网站里的数据库就会根据上一次消费者的消费偏好推送相关的商品。对跨境电商平台来说，这种方法能及时地掌握消费者的消费需求，激发消费者的购买欲，促进消费者进行消费。但对消费者来说，平台的这种方式相当于泄露自己的隐私，会引起消费者的不适感，涉嫌侵犯消费者的隐私权。

在个人信息问题上，《中华人民共和国电子商务法》第二十三条中明确规定了电子商务经营者要保护个人信息，但没有明确指出什么样的信息才算是个人信息。例如，跨境电子商务平台抓取消费者的消费偏好来推送商品是否属于个人信息呢？跨境电商平台抓取的这类个人信息是否需要进行保护呢？法律还没有对此进行定义。

（二）完善我国跨境电子商务中对消费者隐私的保护措施

第一，加快完善我国个人信息保护立法。在个人信息保护领域，2021 年 8 月出台《中华人民共和国个人信息保护法》，在有关个人信息保护法律的基础上，该法进一步细化、保护个人信息权益，规范个人信息处理活动，促进个人信息的合理利用。随着新事物的不断出现，应不断完善个人信息保护的立法，维护消费者个人信息的安全。

第二，明确《中华人民共和国电子商务法》中个人信息的范围。常见的个人信息包括个人身份证号码、家庭住址、电话号码、邮箱地址等基本信息，除此之外，跨境电商平台通过网络利用消费者的消费记录分析出消费者的个人爱好、性格特征、消费习惯等其他信息是否也应该归类为个人信息呢？法律应该对此进行明确划分并提出相对应的保护措施。

第三，加强行业自律。首先，应避免经营者长时间滥用消费者的个人信息。电商平台内部一方面要制定明确具体的个人信息保护规范；另一方面，如若经营者要持有并使用消费者的个人信息，必须征得消费者的同意并明确使用的目的和期限。其次，电商平台要制定相对应的惩罚机制。当平台内的经营者的行为侵害到消费者的隐私权时，平台可以给予一定的惩罚措施，这样不仅对经营者能够起到警示作用，还能更好地保护消费者的隐私权。最后，建议专业的隐私保护认证机构对电商平台经营者的隐私保护程度分级认证，让消费者在购物时对电商平台的安全程度有个更为全面和直观的了解。跨境电商行业要想在竞争日渐激烈的环境下生存，就要提高自身的社会责任感，切实做到保障消费者的切身利益，做出自己的品牌效应。

第四，消费者应树立自我防范意识。消费者在进行跨境海淘时应选择具有较高信誉度、安全系数高的网站进行购买；主动去了解相关的交易流程，知悉自身的权利与义务；及时清除网上浏览痕迹，保护好自己的喜好隐私；收到快递包裹后及时清理包裹上的个人信息运单，保护好自己的个人信息，从而规避个人风险。

三、个人信息流动与隐私权

（一）个人信息概述

在性质上，公民个人信息是从主体衍生出来并与主体密切相关的具有可识别性的信息，是主体人格外化的一种形式，其完整安全的保存、转移与信息主体的人格完整、人格自由、人格尊严密切相关，所以其具有人格属性，从而可以落入人格权的基本范畴。目前，学界对于个人信息的人格权归属存在两种观点，一种观点认为个人信息属于一般人格权，另一种观点认为其是一种独立人格权，对于上述观点，共同之处在于都承认其人格属性。此外，在大数据时代，个人信息能为企业、政府、科研院所甚至个人创造巨大的经济价值，已然成为当今互联网大数据时代的金矿。在数字贸易中，特别是电子商务领域中，平台、企业通过收集、分析、处理用户个人信息实现精准推送，从而最大限度地挖掘潜在消费群体，可以说个人信息是实现交易的基础，所以个人信息也具有财产属性。由于个人数据具有一定的经济价值，所以将其完全定性为人格属性，实行人格权保护会阻碍数据产业，特别是数字贸易的发展。为此，哈佛大学法学院教授劳伦斯·莱西格提出了个人数据财产化理论，主张赋予个人数据相应的财产权利，在一定程度上减少人格权保护的束缚，平衡个人数据的保护需求和数据产业的发展需求。哥伦比亚大学法学教授阿兰·威斯汀等人也就个人数据的财产属性进行了分析。此外，我国部分学者认为作为个人数据的主体，有权合理使用、处理、交易其个人数据从而获得相应的利益。在大数据时代，在肯定个人数据人格属性的同时也应肯定其具有的财产属性，赋予主体相应的财产权利。

（二）个人信息与个人隐私的关系

从前文种对隐私权的概述中可以看出，个人隐私即为个人主观上不愿公开的，不为他人知悉、传播与利用的思想、观点和情感等。在性质上，其关注点在隐秘性，不愿为外人所知。而个人信息则不具备该特性，因为在数字贸易中，个人信息由主体提供，并由特定的与交易相关的主体所知悉，已经丧失了其隐秘性。如前文所述，重在其客观方面可识别性，即可以通过该信息识别出特定的人。此外，隐私的隐秘性决定了其封闭性，即通过一定方式加以保护从而避免为外人所知，而个人信息的可识别性决定了其相对开放性，即特定的主体在知悉该信息后可以识别出具体对象。

在法律保护上，个人隐私通过附加给不特定主体消极义务的方式加以保护，否则，相关主体需要承担侵权责任，承担责任以满足侵权责任的构成要件为基础。而个人信息通过附加给特定主体积极与消极两类义务的方式加以保护，否则该主体需要承担相应的责任，其承担责任的基础不同于隐私权，只要其违反了个人信息保护的相关规则所附加的义务便须承担责任，责任发生的时间点早于个人隐私。在责任类型上，侵犯隐私通常需要承担民事责任，而侵犯个人信息通常需要承担行政责任。

目前，关于个人信息与个人隐私的关系存在包含与被包含、相互交叉两种学说，但是无论从其概念、性质，还是法律中的权利保护与责任承担方面，二者均存在明显不同，因此，个人信息与个人隐私之间不存在特定关系。

（三）隐私保护和个人数据跨境流动指南

经济合作与发展组织《关于隐私保护和个人数据跨境流动指南》（OECD指南）在强调数据流动对经济增长的作用的同时更加注重对个人信息的保护，通过原则性规定构建了个人信息保护的基本框架，指导成员国在框架下遵循基本原则制定国内法。

在个人信息保护方面，通过个人数据的收集与使用限制、数据质量与安全保障、公开与主体参与等原则性规定，能够在为数据控制者和处理者的收集、使用等处理行为提供法律支持的同时加以约束，确保数据主体个人信息的基本权利得到保障。在数据跨境转移方面，OECD指南明确提出为促进数据跨境流动，各成员国应尽量避免或消除数据转移的障碍，不得以保护数据主体的基本权利为由而采取变相阻碍数据跨境转移的不正当措施。此外，该指南还引入了行业自律的规定，要求数据控制者应当制订和更新数据管理计划、建立内部监督机构等。

OECD指南强调对个人数据权利的保护，确立了个人数据隐私保护原则。但是其更加注重数据跨境自由流动促进经济增长，要求成员国消除非必要的限制。为了满足实践中的新需求，增强与其他国际规则的兼容性，该指南在2013年进行了修订，引入问责机制，要求成员国执法机构信息共享，实现跨境合作执法，同时鼓励成员国在框架下就该问题签订双边或多边协议等。由于指南只具有建议性，对成员国并无强制约束力，在该框架下也未形成实际有效的规制体系，但是其在个人信息保护和数据跨境转移方面所形成的原则性规定在一定程度上指引了新的国际规则的制定。

第七章　大数据时代互联网治理

进入 21 世纪以来，互联网在信息技术的支撑下已经渗透进人们生活的各个方面。如今，互联网已经进入一个高度发展的时代，其用户规模巨大，也出现了相应的不良现象。因此，政府与社会各界应不断推进互联网治理的发展进程。

第一节　互联网治理概述

什么是互联网治理？联合国互联网治理工作组（WGIG）提出以下定义：互联网治理是政府、私营部门和民间社会根据各自的作用制定和实施旨在规范互联网发展和使用的共同原则、准则、规则、决策程序和方案。这项工作定义强化了政府、私营部门和民间社会共同参与互联网治理的必要性。这项工作定义还确认，对于互联网治理的具体问题，各个群体有着不同的利益、作用和参与形式，而且在某些情况下会出现重叠。互联网开放性、互动性的性质决定了传统的管理观念已经不能适应对互联网的管理，就像联合国前秘书长安南在互联网治理全球论坛的开幕词中表述的那样："显然，治理是需要的，但这并不是说，这种治理是传统意义上的，因为某些方面它们毕竟是如此的不同。"

互联网能够快速发展的决定性因素，即基于"端到端透明性"的网络体系架构，但这种体系架构也为互联网后来所出现的很多问题埋下必然的隐患。从美国墨西哥大学教授罗杰斯的创新扩散理论可知，新事物的发展规律通常呈现 S 形，当普及率介于 10%～20%的时候，扩散过程会加快，直至达到一定数量之后才会慢下来。因此随着新技术的不断更新及其应用领域的持续扩张，在互联网应用环境发生天翻地覆的变化的情况下，现有的体系架构使得网络越来越缺乏可控性，同时互联网的安全问题也日益引起人们的关注，开始影响其健康可持续发展。与单向性的管理相比，互联网治理是多向的、互动的，需要政府、行业组织、企业和网民等主体共同参与，各自发挥特殊的作用，而不是任由互联网仅仅凭借自身的技术来实现健康有序的发展。

第二节　互联网治理原则

一、国外互联网治理原则简述

表达自由原则、比例原则、尊重隐私原则是欧盟在互联网管理方面遵循的三大原则。其中，比例原则是指公共权力的行使与其所预计达到的目的之间应该有一个合理的比例。也就是说，目的与手段应该成正比，国家和政府不应该过分地进行行政干预。在规范网络信息传播方面，欧盟提出在行业自律基础上建立合作，强调政府与业界的合作，鼓励行业内部建立分级标准；强调与网民的通力合作，披露网络风险和有效规避有害信息的方法等。

根据英国网络观察基金会的管理原则，法律在网络世界里并不是无用武之地，对其他媒体适用的法律对虚拟的网络同样适用。如刑法、猥亵出版法、公共秩序法，都对互联网同样适用。其次，依据目前英国的法律规定，互联网上的"非法信息"特指儿童色情信息。对于不属于儿童色情但有可能引起用户反感的信息，管理者应在尊重用户的个人意愿基础上，通过分级和标签系统，给予用户足够的自主权来选择想看到或想规避的内容。

法国在互联网治理时奉行共同调控的政策，即主张政府、网络技术开发商、服务商和用户三方进行频繁的协商沟通。从法律上明确每个个体及机构的权利与义务，保证实现自由的网上交易，安全可靠的信息传播，努力加快信息社会的民主化进程。

韩国互联网治理原则是以法律法规为指导，加强对互联网内容的管制。韩国是世界上第一个成立专门的互联网内容审查机构的国家。韩国信息通信技术的快速发展使互联网内容的管制愈发艰难，为了改变以往被动接收信息的状态，韩国政府主动制定管制措施，通过列出不良网站以及推广互联网内容过滤软件来管理互联网的信息。韩国互联网对内容的管理强调加强管制，通过互联网管理专法来管理，以对互联网内容的过滤来保障网络空间的安全和有序。

二、中国互联网治理原则

目前，我国主要将互联网作为产业和媒体来对待，对于互联网治理奉行"积极发展、加强管理、趋利避害、为我所用"的十六字方针，立足长远，着眼当前，促进我国互联网持续稳定、健康有序发展。

（一）平台治理优先原则

互联网平台治理优先原则指在互联网治理中应当首先发挥平台作用，平台能够有效治理的领域，法律应减少规制。根据政府与市场边界理论与公共治理理论，互联网平台属于市场主体，应当充分发挥其在资源配置中的作用，具体到互联网公共治理当中应当充分尊重其治理地位，实施平台治理优先，这是平台治理与法律规制边界划分的一个基本原则。

互联网平台治理是互联网企业顺应社会治理方向、顺应互联网经济发展趋势的自主治理模式，与传统治理模式相比呈现出了以下优势：

第一，契约式治理。与传统的"命令—服从"式管理不同，互联网平台与治理对象两者均为平等的民事主体，当平台提供产品或者服务时，其与用户之间便建立了合同关系。通过合同，双方约定平台对用户的管理权限和方式以及用户在平台中的行为准则，还可以约定用户出现不当行为时平台的处置方式和平台侵犯用户权利时的救济途径，因此平台治理是契约式的协商治理。尽管当前这种契约治理主要通过格式合同来落实，但随着互联网技术的不断进步和双方权利意识的不断提升，契约内容的制定过程将会更加开放，契约质量也会得到提高，契约治理将会更加成熟。

第二，精准治理。合格治理首先需要准确找到治理需求，而不同的治理对象会产生不同的治理需求。政府治理的主要手段之一是治理主体针对普通的多数治理对象做出反复适用的抽象行政行为，即文件式治理。互联网平台基于其个性化的服务技术，针对不同的用户群体提出不同的治理方案。如在新浪微博平台，主要有机关、社会团体、公众人物与普通用户等不同群体，针对这些对象，新浪微博提供了不同的粉丝服务方式和宽严有别的监控手段，同时利用大数据技术，针对某一群体中的特定用户进行个别监控，实现了精准治理。

第三，灵活治理。行政机关的公权力性质决定了其在实施治理行为时必须保证有法可依，要做到"法无授权不可为，法定职责必须为"，严格按照法定权限行动。与此不同，互联网平台作为民事主体，在对平台用户实施治理行为时只要不违反法律的强制性规定即可灵活选择治理方式，即"法无禁止即自由"，同样适用于平台治理下的治理双方。

第四，竞争治理。从互联网平台的角度来看，治理效能是决定产品和服务品质的重要因素，从用户的角度来看，治理效能是互联网用户选择产品和服务的重要考量因素。因此，治理效能会成为互联网平台长期发展的重要市场优势和核心竞争力之一。治理效能的优劣会直接决定用户的去留和忠实度，进而在互联网平台之间产生竞争治理。

综上所述，利用契约合同进行治理是内部的矛盾解决方式，相比外界干预成本更低。精准治理和灵活治理也会有效提高治理的效率、降低治理成本。竞争治理要求互联网平台使用最低的治理成本产生最大的治理效能。故此，互联网平台治理具有极大的治理优势。

此外，互联网平台治理是一种即时治理。互联网平台经济大大降低了商业活动的谈判成本、选择成本、违约救济成本，进而缩短了每一个交易环节的耗时，利用互联网，不仅可以做到 24 小时全天候营业，而且双方可以对每一个交易环节实时掌握。从下单付款，对方接单、发货、物流，到签收、评价、售后，交易双方通过互联网平台都可随时查询，做到了然于胸。互联网平台经济的即时化特点要求互联网平台加快治理步伐，也就提升了互联网平台治理的时效性。

上述互联网平台在治理的成本、时效等方面具有的不可比拟的优势决定了应当尊重平台在互联网治理中的优先地位。这一优先地位决定了互联网治理在手段上主要依靠平台，治理的责任主要由平台承担，治理的收益主要由平台享有。

治理手段主要依靠互联网平台就要充分挖掘平台的治理能力，提升治理效能。例如，阿里巴巴集团作为科技创新企业和我国重要的电商平台，其在 2017 年 12 月，组建了平台治理部，主要针对平台内售假问题进行专门部门整治。

治理责任主要由互联网平台承担既包括互联网平台应主动履行平台治理职责，也包括互联网平台治理不力要承担相应法律责任。2020 年 10 月，北京市互联网信息办公室约谈网易负责人，针对网易旗下相关互联网平台存在的违法违约问题进行严肃问责并依法实施了行政处罚。2020 年 10 月 10 日，中国演出行业协会网络表演（直播）分会发布通告，向社会公布了第七批网络表演（直播）行业的主播黑名单，公告显示，47 名主播因涉嫌从事违法违规网络活动被列入主播黑名单，这些主播将在行业内禁止注册和直播，封禁期限 5 年。

互联网平台承载的用户规模巨大，如果任由违法违规信息在互联网平台进行传播，势必会损害社会的公序良俗，对此，互联网平台应承担治理的主体责任，对违法违规信息进行及时筛选和拦截，保护网络良好秩序。

互联网平台的有效治理会产生良好的经济效益和社会效益，良好的平台生态是互联网平台企业生存发展的重要优势。随着我国教育事业的不断发展和民众综合素质的不断提高，网民对互联网平台的治理要求越来越高，平台内治理质量的优劣是互联网平台企业最直观的产品力，良好的治理生态不仅会提升用户的信任度和依赖度，也会吸引更多的互联网用户加入平台。此外，互联网平台已成为我国民众主要的活动"社区"，社区治理面貌的优劣也会决定社区的整体面貌，良好的平台治理会产生良好的网络和实践上的社会效益，这些经济效益和社会效益也势必会成为互联网平台企业的宝贵财富。

（二）法律规制有限原则

政府与市场边界理论要求应当充分发挥市场的主体作用，出现市场失灵时政府才应进行必要的干预。法律规制有限原则指互联网领域需要法律进行规制，但其规制应当是对互联网平台治理的补充，在互联网平台出现治理无能与治理缺位时，法律才应做出回应。基于公共部门的信息不对称和平台在互联网公共治理中的合理性，要尊重平台治理优先就应做到法律规制的有限干预，这是平台治理与法律规制边界划分的重要原则。

从规制领域看，对于商品交易类平台，法律规制应侧重于食品、药品等与人身健康密切相关的领域，以及政府出于特定目的需要规制的领域。2019 年，国家烟草专卖局、国家市场监督管理总局发布《关于进一步保护未成年人免受电子烟侵害的通告》，规定"为进一步加大对未成年人身心健康的保护力度，防止未成年人通过互联网购买并吸食电子烟……敦促电商平台及时关闭电子烟商铺，并将电子烟产品及时下架……"这一通告出台后，京东、阿里巴巴等 9 家电商平台纷纷及时下架电子烟。这一举措是法律基于保护未成年人而对电商平台的要求，是出于未成年人身心健康和特定社会公共利益而进行的直接规制。除此之外，法律应减少干预，充分尊重互联网市场运行自由，而互联网平台则应肩负起第一治理人责任，守在治理的一线位置。对于工具服务类平台，因平台充当了直接的服务提供者，治理也成了工具服务的重要部分，法律规制往往存在于事后救济。

法律调整是社会调整的基本方式，但法律作为具有国家强制力保障实施的社会规范，它具有稳定性和滞后性，而互联网社会具有高度的流动性，这与法律制度所要求的稳定性难以适配。此外，法律是对现有社会运行规律的总结，往往落后于社会实践，相比之下，互联网社会更加追求创新，互联网平台的治理策略和方式也会随着互联网社会不断出现的新模式、新特点进行相应的调整。因此，法律规制在互联网领域是非常有限的，它应当保障平台治理发挥应有作用，弥补平台治理失灵。

平台治理与法律规制并非完全对立的关系，相反，将二者进行互补、协同运用才能达到良好的治理效果。例如，平台治理应贯穿上线审查，线上监控，下线跟踪的治理全过程，加大保护用户的信赖利益的力度。法律可授权政府进行后台监控，主要关注异常行为。互联网平台应及时整理治理数据，并保证数据的完整性、保密性和可用性，及时报送政府部门，同时，还应将治理过程中形成的治理痕迹妥善保管，接受监督和审查。在纠纷解决方面，互联网经济规模效应带来了纠纷爆发，而公权力救济资源有限、成本较大，难以应对这一局面。为此，互联网平台应建立公正、及时、有效的纠纷解决机制，利用好平台作为直接"目击证人"的优势，正确化解当事人争端，保障平台用户合法权益。但互联网平台终究属于私立主体，无法充当裁判者角色，更不能代替政府行使公权力，故法律应授权政府做好"最后守夜人"职责，维护互联网公正。

（三）治理而不是管制

对于互联网，国家一直用的是治理一词，而不是管制，治理与管制存在很大区别。首先，就治理主体而言，政府部门是管制的主体，而治理的主体则多元化，包括行业协会、非营利组织等，政府部门不再是唯一的权力中心；其次，从权力运行的方向看，治理中的权力运行方向不是像管制中自上而下单一向度的，也不是单纯的控制与统治，而是包括上下互动、彼此合作、相互协商的多元关系；再次，从使用的手段看，治理的手段比管制更加多元化，不仅包括法律法规，也包括自律、教育等。

采取治理的方式而不是管制，这是由互联网的特性所决定的。众所周知，互联网从诞生开始就几乎没有治理。那篇著名的《虚拟空间独立宣言》是其真实的写照。1996 年 2 月，网络自由主义的布道者、著名的科技评论者约翰·派瑞·巴尔特在线上讨论区贴了一篇 800 字的《虚拟空间独立宣言》，声称网络新世界是创新、平等、公益的，永远不受政府管辖。其主张很快得到了许多人的响应，人们希望新的信息技术形成一种力量，冲破一切政府的控制和法律的制约。互联网有一定的自我管理能力，然而诸多网络社会问题是互联网本身所不能解决的，国际主流意见认为政府必须在互联网中发挥作用。互联网分散式、分布式的网络结构，采用树状或者金字塔的管理模式并不能消除网络传播的负面影响。因此，在政府失灵的情况下，采用更加灵活的治理方式是一个比较明智的选择。

第三节　构建和谐社会背景下的互联网治理

　　构建和谐社会能够保护个人隐私权，同时也是当前中国社会发展的方向和目标，以此为视角讨论互联网的治理，其实是对构建和谐社会的一种推动。这是两个具有从属关系的概念，其背后是广大人民群众对社会发展、民族复兴等问题的反思，也是人们对新时代的社会生活提出的诉求。

　　"和"是中国传统思想文化中的重要价值理念，各个学派对此均有讨论，并且从不同的角度描绘出了不同的关于和谐社会的蓝图。例如，儒家主张"和为贵""和而不同"。以此为基础，儒家思想中便构筑了一个"大同"社会的图景："大道之行也，天下为公。选贤与能，讲信修睦。故人不独亲其亲，不独子其子。使老有所终，壮有所用，幼有所长。"道家对于理想社会的描绘则是："至治之极，邻国相望，鸡狗之声相闻，民各甘其食，美其服，安其俗，乐其业，至老死不相往来。"这一构想虽朴素简单，但却透露出一种祥和安宁之态。墨家对于理想社会的设想为"爱无差等""兼相爱"；至于法家，作为平民政治的代言人，他们追求的理想社会则是"君臣上下贵贱皆从法，此得大治"。儒、道、墨、法作为诸子百家中最具代表性的四个学派，对于理想社会虽表述不同，但究其本质，都体现出了和谐社会对于和睦、自由、平等、友爱等思想的追求，这是中国早期的关于和谐社会思想的研究。

和谐社会是一个极具包容性的概念，并且涉及了社会学、经济学、政治学、哲学等多个领域。它包含以人为本的内涵，主要理论根基来自马克思主义思想，而马克思主义思想中最突出体现的就是对人的地位和对人本身价值的看重，还包含社会关系和睦无争。马克思提出："社会不是由个人构成，而是表示这些个人彼此发生的那些联系和关系的总和，当人们之间的交往达到足够的频率和密度，以至于人们相互影响并组成群体或社会单位时，社会便产生和存在了。"因此，和谐社会的构建在本质上来说，是对人与人、人与社会以及人与自然之间的关系的调和。和谐社会的构建成功与否，其实最关键的一点就在于人们能否处理好自己所处的关系网。人虽然是自然的产物，但人有社会属性。这种社会属性中最有代表性的体现就是人的群体性。当代社会注重对个体天性的解放，推崇个性的张扬，这是个人的自由，但是从社会和谐发展的角度来说，个体的天性解放与个性的张扬是要建立在不损害他人利益、不对他人造成困扰的基础上，才能够保证不会引起矛盾和争吵，亦不会扩大为具有恶劣社会影响的冲突事件。这就需要人们合理地控制自身的行为，协调好个人与他人之间的利益关系问题。值得特别提出来的是，和谐不是单方面的妥协、忍让，而是互相之间的权益的协商、谦让以及行动上的互相配合，这牵涉到一个心理认可的问题。单方面的妥协所带来的仅仅是一种被动的、消极的和谐，但每个人的妥协和忍让都是有底线的，一旦超过了妥协方的承受范围，这种和谐立刻就会被打破，因此它的稳定性是没有保障的。和谐社会所追求的是真正意义上的和谐，是利益相关者通过合理的利弊权衡后做出的价值判断和价值选择，这个结果一定是统筹了各方利益并获得各方认可的，如此成就的和谐才是和谐社会建构过程中所主张和提倡的和谐。

而目前网络时代的隐私权侵权问题部分是因为一些网民情绪难以实现自我控制，不能以"和"的观念看待问题，无法真正体谅他人。例如，在 2022 年 7 月，

24 岁的郑某在拿到保研通知书后前往医院探望病床上的爷爷，向爷爷分享喜悦，并在网上晒出合影。但由于郑某染着粉红色的头发，因此被大量网友攻击，并在网上私自传播其个人信息，侵犯了郑某的隐私权、名誉权等多种合法权利。再如，电影《搜索》中，女主人公因为身患重病没有把座位让给老人，而被网友进行"人肉搜索"，遭受了肆意的谩骂。这些例子的背后都隐含着"和"的缺失问题，人们无法从他人的实际情况考虑问题。由此可见，构建和谐社会和隐私权有着复杂而密切的联系。

第四节　　互联网治理措施

一、政府方面

就隐私权保护而言，政府要提高相关信息处置能力，形成工作机制。隐私问题处置是互联网空间治理的重要方面，当前不少政府部门隐私保护意识淡薄，不利于日常工作的推进和单位形象的树立，因此各部门应该强化隐私权保护意识，要明白隐私权工作不仅仅是宣传部门的工作，要主动了解网上隐私问题，了解群众诉求，才能保障工作的顺利开展，办更多群众满意的实事。从总体看，网络隐私工作可以分为以下几个方面。

（一）隐私问题的搜集

当前，网络隐私问题的发现和收集主要是"人工+技术"的形式，这是保证隐私问题收集面和准确度的重要方式。

首先，要借助当前的信息技术，依靠高科技的隐私问题监测机构和各种第三方隐私问题工作机构。网上隐私问题工作开展流程包括做好紧急预案、跟踪事态发展进度、形成有效的信息联动等环节。目前开展隐私问题研究的第三方机构中的专业人员和专业设计都相对完备，工作体系比较成熟。政府部门与相关机构建立成熟的互动机制，通过全天候对网上海量信息进行收集分析，抓住网上隐私问题的焦点和动向，抓取和跟踪网上隐私敏感信息，提前做好与相关人员的沟通了解，全面掌握好处理隐私问题的进程，以便快速有效地对网上隐私问题进行引导。

其次，建立完备的网上隐私信息收集队伍，搭建隐私问题收集分析的专门机构。政府有关部门和单位在同第三方机构合作时，要成立隐私问题监控中心，组建隐私信息员队伍，并对工作人员进行针对性的专业培训，借助对工作实践中的案例分析，锻炼隐私信息员的工作能力和隐私权保护，使其具备迅速发现隐私问题的能力，从而抢占隐私问题处置工作的时机，为隐私问题化解工作争取更多的机会。

（二）隐私信息的监测、分析和研判

网络隐私信息监测是隐私工作开展的必要前提。从一定程度上说，网络隐私是民意的一种表达。要想妥善地处置网络隐私事件，就要做好对隐私信息的分析研判工作，把握隐私事件背后隐藏的民意。严谨周密的监控主要是为了对隐私信息不间断地收集、比较、衡量，确保发现和处置及时，及时消除苗头性的隐患信息。隐私信息发展期活跃程度较高，但比高潮期容易控制，这时要特别重视对相关隐私信息的分析研判，把握好事情走向，为接下来的处置工作做好准备。在事件发展到消散期后，仍应做好隐私信息的收集、分析和研判工作，预防次生问题的产生，防止隐私问题出现反复。网上隐私工作牵涉的部门和单位要想完成日常的隐私工作，仅仅掌握隐私信息处置的技术和手段是不够的，还应具备心理学、传播学等人文社科知识，并根据隐私信息的特点和分类针对性地做好收集、分析和研判工作。

（三）隐私信息处置

要想做好隐私信息处置工作，首先要主动做好信息公开。信息公开时需要注意以下几点。

1. 事实是基础

隐私面前，真相至上。在任何一起隐私事件中，对事实真相的追问永远都是第一位的，官方通报是否还原事实、通报内容有无说服力，直接影响公众对官方处置的满意度评价。在"人人皆媒体"的网络环境中，任何试图遮掩、回避甚至虚构事实的行为都可能会被公众识破。政法机关等政府部门作为优势信息资源的掌控者，需在尊重事实的基础上，客观、全面地还原真相，如此才能赢得公众的信任，权威发布的声音才具有权威的价值。

2. 态度要诚恳

在隐私事件面前，官方的态度往往比处置事件的能力更重要。官方通报反映的是政法机关对待这类事件的立场。有了真诚的态度，官方通报才能真正到达公众心中。有些问题官方虽然迅速发布了通报，但往往会因敷衍、缺少真诚，产生事与愿违的结果。政法机关还需放下"架子"，让公众最大限度地感受到官方的善意和诚意。

3. 结论应权威

官方发布信息是热点隐私事件当中备受关注的一个节点，往往起到对事件定性追责、化解质疑的关键作用。特别是在存有争议的事件中，更要切实起到释疑解惑、一锤定音的功效，有利于封堵谣言传播的空间，稳定公众情绪。因此，权威结论意味着通报内容必须是客观公正、细致周全的，经得起事实与时间的考验。

4. 依据要充分

官方通报的发布过程就是让网民了解并接受事实，给隐私事件降温的过程。通报的内容越翔实，说理越充分，越能使公众相信。政府部门需针对公众最关切的内容和质疑给出合乎情理的解释，对于通报的结论必须要有足够的证据材料作为支撑，能经得起公众的反复审视和检验。对于一些无法被公众接纳的专业结论，必要时还可考虑引入专家、第三方机构的专业解读。否则，官方通报前后矛盾，也难以使事件平息。

5. 措辞要得体

官方通报传递的是公众最关注、最有价值的信息，政府部门应对当时的隐私网络环境做全盘了解和研判，明确通报的性质和适用对象，在措辞上才能做出恰如其分的表述。要尽力避免误踩"雷区"、饱受诟病的问题。政府部门还须深谙官方语境与公众语境之间的差别，尤其是面对一些重大突发性公众事件，须仔细考量公众对事件的心理接受度，在通报中尽量使用易被公众理解和接受的语言，力图做到措辞得体，避免使用一些官话、套话引发公众反感。

6. 引导可持续

网络隐私事件的发展过程充满变数，各种因素相互作用，是一个动态过程，但也并非无法捉摸，不能调控。尤其是一些重大、复杂的事件，事件的全貌往往会随着时间的推移而逐渐明朗，这类问题的走向不可能单靠一纸通报就能完全平息。这就要求官方要分步推进，不能一蹴而就。一次通报没有平息事态，可以再分多次进行通报；一次通报无法描述事件全貌，可以随着调查进展持续发布通报。这样一方面可对此前通报内容进行补充，提高引导的效果；另一方面也传递出相关单位主动回应社会关切的积极态度，增加官方通报的接受度。

另外，相关部门要实施有效的网络隐私事件引导。网民态度的转变有三个过程：一是模仿阶段，即网民有跟随他人的倾向，尤其是意见领袖等网上影响力大的公众人物。在跟随学习他人的进程中建立自己的思想和态度。二是认同阶段，即网民逐渐采纳别人的观念和思维，并向这些观念主动看齐，这时自己的观点仍被保留。三是内化阶段，即网民接纳新的观念和思维，同时吸收融合进自己的观点。网上隐私事件引导工作的出发点是纠正网民错误的观念和思维，使舆情向正确的方向发展。针对不同的信息可采取不同的引导方式。正常的网络隐私事件发展，适合用循序渐进的引导方式，疏导网民情绪，使民意转变；而面对违法违规等有害信息，依赖上述方式很难取得理想效果，应采用法律法规等强制措施对其进行有效处置。特别是在高潮期，这种手段效果较好，能够使事件朝着更好的方向发展。因事而异，才能取得理想的处置效果。

最后，要做好隐私信息网络和传播秩序的维护。推进新媒体技术的革新，对新媒体进行合理恰当的规范是政府的主要工作方式。应对网上隐私事件的一般处理方式有：对 IP 地址进行有效的管理；24 小时内容监控，处置负面信息；对敏感关键词及相关信息进行后台过滤；对互动环节网民发布的信息进行审查与发布管理；对境外有关网站的相关信息进行过滤；网民实名制；等等。

还要充分利用搜索优化排序调控网上突发事件信息传播。面对危机时，人们从网上收集信息的主要渠道是借助搜索引擎，通常搜索引擎呈现的排名靠前的结果往往比较容易被网民采纳，因此政府可以联合搜索引擎网站共同应对部分网上隐私事件，还可以借助其他网络技术和手段，让公共突发事件发生后，官方或主流媒体的真实信息被网民优先获取，实现"首因效应"。与此同时，针对网上不实信息，可以采取同样的方法挤压其传播空间。

二、行业自律方面

前文已对行业自律概念做了简单论述，不再赘述。下面将针对互联网信息传播自律的内涵及相关问题并进行探讨。

（一）互联网信息传播自律的内涵

自律是互联网信息传播活动的一个基本原则，参与网络信息传播的每一个人都应该承担自律义务。自律义务要求人们在互联网信息传播活动中遵守网络礼仪和行业行为守则，遵守网络信息传播的规律，遵循为实现网络信息自由所制定的所有规则。英国经济学家亚当·斯密在 1795 年发表的《道德情操论》中提到"人们在前往市场之前就必须具有的道德义务"中就包括自律。在这里可以说，人们在上网之前必须具有的义务也包括自律。从义务的角度来理解互联网信息传播自律的内涵，可以促使网络信息传播者把自律作为一种义务来承担，使人们主动承担这样的义务，把自律变成一种自觉的行为，变成一种习惯。

自律是一种义务的论点受到信息自由权利论的挑战，持信息自由论的人认为每一个人都有网络信息传播的权利，在互联网上传播信息是每一个人的自由，把自律作为互联网信息传播者必须承担的义务是有悖信息自由权利的。在此，为了明确互联网信息传播自律的内涵，有必要对自律与自由、权利与义务这两对范畴做出解释。从权利的角度看，网络信息传播者的确拥有自由传播信息的权利，但是，如果我们仅仅看到的是自己的权利就容易忽视他人的权利，对自己权利的肯定往往会产生对他人权利的否定，自身的权利边界就会无限制地向外扩展，这显然失之偏颇。从义务的角度看，自律虽然增加了传播者的责任，这种责任是能够保障人的自由权利的，为了实现网络信息自由，网络信息传播者就应该承担起自律的责任和义务。人类获得自由的前提是承担起自律的义务，所以自律的义务和自由的权利在逻辑上是统一的。另外，我们没有必要把自律看作绝对的义务，因为自律的实质是自我管理、自我领导。自我管理与自我领导显然也意味着自主，自律机制实际上增强了网络信息传播者在传播活动中的自主性，提高了传播者对传播控制的可能性。相对于政府管制、法律强制而言，自律其实就成了一种权利。从网络信息传播自律机制的体系结构中我们也可以发现，自律实际上是传播者自我保护的一种方式，传播者应该学会积极发挥这个可以实现自我保护的权利。

结合网络信息传播活动的特点，具体地剖析义务意义上的自律，还可以分出三层含义：第一层含义是自我约束，网络信息传播者在履行自律义务时需要约束自己的欲望和情感，对自己的行为有一定的限制，这是有所不为；第二层含义是自我保护，例如用户利用过滤软件来保护自己免受不良信息伤害，这是主动地履行义务，是有所为；第三层含义已经不限于约束自我、保护自我层面，例如自发举报网络传播中不良信息，反映出主体的自律意识已经上升到公益性的高度，具有利他主义的成分。

自律义务的独特性把自律成就为一种美德。从美德的意义上来理解网络信息传播自律也有重要的实际意义。对于从事网络信息传播的个体而言，自律应该成为他们的美德。美德是一种个人道德素质，向来被认为是人之所为人的根本，是人应该追求的目标，是克服社会弊端的利器，甚至有人认为"自律是一切美德的基石"。我们把自律提升到美德的高度不是牵强附会，而是为了借助美德固有的力量及其内在制约机制来实现网络信息传播管理的目标。自律这种美德可以用来指导人们的行为，只有当自律成为每一个用户具备的品质时，自律机制才能发挥它在维护网络信息传播秩序时的作用。我们把自律归纳为美德的范畴，就是为了把网络信息传播自律作为一种美德来培养。从美德这个角度来认识网络信息传播自律的内涵，有利于我们在培养和训练网络用户的高尚品质时，引起网络用户的重视。同时，在构建网络信息传播自律机制时，要防止把自律仅仅看成一种僵硬的概念，防止把自律机制打造成一种僵硬的体系，而是要把自律作为评判一个人或一个团体品质和行为的美德标准，以美德的力量来约束用户和业界的行为。

（二）行业自律的形式

行业自律主要分为两种形式。

一是管理性自律。旨在构建行业的规章制度，主要动机在于便利或促进交易，具体包括：制定标准或最低质量要求，进行质量检查，制定广告规则和道德标准，控制相互交易的金融信贷或提供相互的管理支持。通常这些活动能够提高整个行业的质量声誉，促进经济增长，但这些活动也可能有遏制竞争的效果，虽然在许多国家大多数管理性自律是促进交易的。

二是保护性自律。旨在创造防御性的交易壁垒来保护产业，防止来自竞争对手的威胁，包括价格协议、进入壁垒、排他性联系、联合抵制、拒绝与非会员交易等。这些自律的整合方案因国家而异，通常固定价格是非法的，但是在限制分销系统方面，各国政策是有差异的。如在美国，大多数的保护性自律被认为是不公平的交易行为，受到法律的限制，而在日本，并不是所有的这种行为都被认为是非法的。行业自律可以采用多种形式，从单纯自律（没有政府的参与），到体现跨国界的、联邦的或国家法令的自律（有着高水平的政府监管）。学者们认为行业自律的最大潜力在于行业规则的制定和政府严格监管的结合。

（三）行业自律的作用

行业协会比政府有关部门更熟悉市场，更了解本行业企业的技术、资金、人员等情况，能够对市场动向做出快速反应。特别是会员中集中了一大批同行业的技术专家，因此具备制定行业规范、技术标准、示范合同文本、企业执行标准等优势。而国家标准管理部门则可以通过授权或委托的方式赋予行业协会制定、修订国家标准的权利，或者将这些行业协会制定的标准采用为国家标准，以满足不断变化的市场需要。

通过面向整个行业市场动态的了解和企业情况的调查，行业协会可以掌握在行业竞争中存在的普遍问题。通过共同的行业协会在行业自律管理中的作用利益的"选择性激励"，行业协会可以引导会员企业制定一些具有行业公约性质的"行规""行约"，如行业技术标准、产品质量标准和统一出口价格标准等，作为会员企业共同遵守的规章。与部分企业组成的"价格联盟""技术联盟"不同，这些行规、行约代表着大多数会员企业的意见和利益，因而在行业内具有普遍约束力，能有效地协调同行企业间的竞争秩序，能使会员企业步调一致，按行业经济发展要求，自觉控制无序竞争、过度竞争，避免价格战、违规经营等恶性竞争局面的出现。由于行业自律把开发和实施规则的成本转给了行业协会，因而它只需要付出相对较低的规制成本。当然政府主要履行监督职能，但是监督所需要的资源比政府直接规制要少很多。

（四）应警惕的问题

尽管行业协会拥有比政府更大的技术优势，仍然有学者怀疑企业是否会利用这些专长为公共利益服务，他们认为企业更有可能利用他们的专长最大化行业内的利润。虽然企业愿意遵守自己的规则，但是也有不少企业愿意积极协调政府开发相应的外部规则。具体而言，行业自律存在的问题如下：

一是自律制度的问题。把规制留给行业，会造成行业扰乱规制目标并把它转化为企业自身目标的可能。自律群体会更加服从于行业的压力而不是政府机构的压力，为了维护其成员利益，他们往往通过多种方式，影响政府政策。

二是自律制度实施的有效性问题。行业协会一般不具备强制实施规则的资源，对不服从的企业最多处以开除的惩罚，开除是否具有有效的威慑取决于成员单位的利益是否重要。在许多情况下，开除或者其他制裁，例如用书面信函的方法否决其权利往往是无效的。如果缺乏适当的激励措施，喜欢搭便车的企业是不可能遵守协议的，而遵守自律协议的企业在市场竞争中也会处于不利的竞争地位，或者很有可能损害特定企业的声誉。只要可以创造更大的利润，很有可能会发生企业违规的情况。

三是自律可能促进垄断问题的发生。自律也许会发展成为会员企业合谋控制市场价格的行为。这种形式的协议会产生某些方面的垄断和控制问题，由专业组织达成的协议有时也会受到政府的反垄断调查。

四是与其他社会团体的利益冲突问题。行业协会虽然可以在内部会员间相互沟通信息，从而达到整个行业利益提高的效果。但是他们也面临消费者和其他社会团体的挑战，因此他们很有可能在行业内相互合谋，以损害消费者和其他社会团体的利益来促进整个行业利润最大化。而对于行业协会之外的非会员企业，行业协会也可能会利用行业自律管理功能对非会员企业和其他企业进行限制，如封锁行业内一些公共信息，从而影响这些企业的竞争与发展。

三、个人隐私保护意识方面

互联网只是人类研发出来的工具，它本身是没有善恶意识和好坏之分的。我们说，互联网是一把双刃剑，但究竟是利大于弊还是弊大于利，最终取决于执剑者本身的想法，也就是作为互联网使用者的我们。要想彻底解除互联网给人们生活和社会发展带来的关于隐私侵犯消极的影响，归根结底还在于提高网民本身的素质。这里的素质主要包含三个方面：

一是自律意识。互联网发展之初之所以能够不那么依赖第三方的干涉也可以正常运转，其中一个原因是当时的网络使用者大多素质较高。网民的自律既是对网络虚拟空间秩序的维护，也是对自己和他人的尊重。人们呼唤虚拟空间的自由，而实现这个自由的前提是个人的行为不会影响到他人的自由，如此才会和谐，否则必然是争吵。良好的自律意识可以最大限度地避免这些无端的争执。

二是安全意识。除了自律，人也要学会自我保护，即树立正确的安全意识。网络世界复杂万分，并且陷阱重重，个体在使用网络的时候，必须足够地谨慎。对于有安全隐患提示的网站尽量不要去访问，不明链接也不去点击。控制自己的欲望，对于遍布全网的中奖信息，保持不看、不点、不信的态度，也不要在不安全的无线网络环境下进行线上的经济交易，避免不必要的损失。网络用户在浏览某网站之前一定要仔细阅读该网站的隐私权保护政策，了解网站对个人信息的具体收集、使用情况；保管好自己的网络空间密码，不轻易告知他人自己的真实姓名、性别、家庭住址等个人信息；谨慎下载免费软件，以免计算机中毒，个人信息被窃取；注意对个人计算机的保护，尽量减少在公共场所上网的次数；同时，网络用户还应尊重他人的隐私权，对于无意中得知的他人网络隐私，不得公开宣扬和传播。实事求是地说，强烈的安全意识虽然不能完全保证不会掉入网络陷阱，但可以在很大程度上避免犯低端错误。

三是法律意识。现代社会是法治社会，网络生活已经成为我们日常生活的一部分，当意识到自己的隐私权受到威胁和侵犯时，要积极寻求法律的帮助，主动、勇敢地拿起法律武器打击不良和不法行为，这不仅是对自己的保护，同时也是给隐私权侵犯者改过自新的机会。同时，在生活中要积极学习和传播相关法律知识，积极参加多样化的普法活动。法律具有强制性，能够直接、有效地维护公民合法权益。当身边人需要相关帮助时，可以提供法治思维，推荐法律渠道。相信通过这样广泛地学习、传播法律知识，大众的法律意识会不断增强，网络时代的公民隐私权会得到越来越有效的保护，相关侵权行为发生的概率也会越来越小。

这些意识的培养需要教育的帮忙，并且应当从娃娃抓起。意识层面的教育和培养，是可以让受教育者受益终身的。中国当前提倡的素质教育讲求的也是人的全面发展。当然，德育无论在什么时候都应该被加倍强调。和谐社会的构建需要强大的经济基础，但人们的精神文明也必须能够紧跟上来。构建和谐社会根本上是要建立一个以人为本的社会，而所有网络问题的产生，本质上的都是人为的，因此，在和谐社会的构建过程中，无论是互联网治理还是其他问题的解决，如果没有人民的道德品质做保障，都等同于空谈。

参考文献

［1］ 崔华强．网络隐私权利保护之国际私法研究［M］．北京：法律出版社，2012．

［2］ 康海燕．网络隐私保护与信息安全［M］．北京：北京邮电大学出版社，2016．

［3］ 李德成．网络隐私权保护制度初论［M］．北京：中国方正出版社，2003．

［4］ 申琦．中国网民网络信息隐私认知与隐私保护行为研究［M］．上海：复旦大学出版社，2015．

［5］ 石瑞生．大数据安全与隐私保护［M］．北京：北京邮电大学出版社，2019．